新晋商
新天下

xinjinshang
xintianxia

山西省晋商文化交流协会 编著

山西出版传媒集团
山西人民出版社

图书在版编目（CIP）数据

新晋商　新天下/山西省晋商文化交流协会编著. —太原：山西人民出版社，2012.3
ISBN 978 – 7 – 203 – 07600 – 1

Ⅰ. ①新… Ⅱ. ①山… Ⅲ. ①企业家 – 生平事迹 – 山西省 – 现代 Ⅳ. ①K825．38

中国版本图书馆 CIP 数据核字（2012）第 022335 号

新晋商　新天下

编　　著：	山西省晋商文化交流协会
责任编辑：	傅晓红
装帧设计：	谢　成
出 版 者：	山西出版传媒集团·山西人民出版社
地　　址：	太原市建设南路 21 号
邮　　编：	030012
发行营销：	0351 – 4922220　4955996　4956039
	0351 – 4922127（传真）　4956038（邮购）
E – mail：	sxskcb@163.com　发行部
	sxskcb@126.com　总编室
网　　址：	www.sxskcb.com
经 销 者：	山西出版传媒集团·山西人民出版社
承 印 者：	山西出版传媒集团·山西人民印刷有限责任公司
开　　本：	787mm×1092mm　1/16
印　　张：	12
字　　数：	350 千字
印　　数：	1—11500 册
版　　次：	2012 年 3 月第 1 版
印　　次：	2012 年 3 月第 1 次印刷
书　　号：	ISBN 978 – 7 – 203 – 07600 – 1
定　　价：	25.00 元

如有印装质量问题请与本社联系调换

《新晋商 新天下》编委会

- 总 顾 问　薛荣哲
- 总 策 划　杨新中　张治端
- 主　　编　吴修明
- 副 主 编　王建科
- 编辑部主任　乔炳节
- 编　　辑　王秀娟　阎　杰　张建子　王淑梅
　　　　　　董丽峰　彭薇霞　牛艳斌　秦晋原
　　　　　　杨科研

◎ 目　录

关于新晋商的几个断想（代前言） ………… 001

G

◎ 高绍军：修建博物馆再现晋商创业故事 ……… 001

◎ 郭凤莲：从铁姑娘到董事长 ………… 005

◎ 郭台铭：浓浓乡情 ………… 011

J

◎ 贾樟柯：拍摄商业片并没有挑战 ………… 017

◎ 靳传秋：吃亏也是一种福气 ………… 024

L

◎ 李兆会：领导"海鑫"继续前行 ……………… 028

◎ 李生祥：在转型跨越中打造五台山服务第一品牌 … 033

◎ 李彦宏：搜索时代的领军人 ……………… 037

◎ 梁明明：民航强国天下先　儒雅风范新晋商 … 042

◎ 刘光平："煤老板"华丽转身农场主 ………… 047

◎ 刘葆东：动漫大玩家 ……………………… 052

◎ 刘锁平：南国香蕉园里的山西汉子 ………… 057

◎ 刘建媛：有一种美丽叫创业 ……………… 061

◎ 吕成贵：让黄河在老牛湾熠熠生辉 ………… 066

M

◎ 马累平："穿越"媒体变身企业家 …………… 071

N

◎ 宁杨锁：追寻真正的晋商精神 ……………… 076

Q

◎ 乔氏兄妹：风行天下 以信为先 ……………… 080

◎ 祁学兵：昔日老兵变身酒行家 ……………… 086

W

◎ 王斌武：用文化建设电器商城 ……………… 090

◎ 伍永安：领跑我国绿色照明产业 ……………… 094

X

◎ 许福贵：和他的"少年光宇" ……………… 100

◎ 徐海清：做企业就是做人，不后悔 ……………… 106

◎ 薛彩娟：抓住时代机遇，用心筑就成功 ……………… 110

Y

◎ 阎吉英：擎起转型旅游第一旗 ……………… 114

◎ 阎继红："六味斋"里的六味人生 ……………… 119

◎ 袁玉珠：超越时代，改变历史 ……………… 126

Z

◎张连水：煤老板转型翅果油挖宝 …………… 132

◎张广斌："红枣"成就财富人生 …………… 136

◎张家胜：善弈者谋势 …………… 140

◎张月胜：让马产业给右玉插上腾飞的翅膀 …… 145

◎张丁海：以科技创品牌 造福地方百姓 …………… 148

◎张小红：锦绣"钱"程种出来 …………… 153

◎赵光晋：做中国最有发展力的老字号 …………… 157

◎赵晓艳：青春的追求 挚爱的倾注 …………… 162

◎赵瑞峰："饲料大佬"的淡定人生 …………… 169

关于新晋商的几个断想（代前言）

吴修明

一则来自异域的新闻，让2012年的企业家为之震撼，对于依然处于经济危机当中的企业来说，它不啻于雪上加霜：1月19日消息，素有"黄色巨人"之称的柯达公司及其美国子公司已经提交了破产保护申请。

创立于1880年的柯达，以先锋技术和创意营销而闻名，一度是世界上最大的影像产品及相关服务生产和供应商。据《经济学人》报道，1976年，柯达在美国胶卷和相机销量中的占比已经分别达到90%和85%。直到20世纪90年代，柯达一直都是全球五大最有价值品牌之一。1万多项专利中，胶卷成就了柯达的辉煌，也促使柯达在这个业务上打败了劲敌——日本企业富士公司。

然而，对于柯达来说，成也胶卷败也胶卷。

随着数码影像技术开始取代胶片，智能手机开始取代照相机，胶卷行业的利润日益被压缩。就在柯达上下考虑如何迈向多元化的时候，富士公司早在20世纪80年代就预见到数码时代的崛起，并制定了三管齐下的战略：尽可能多地从胶片业务抽离资金，为数码时代的转型做好准备，并开发新的业务。尽管后来柯达曾多次想转型为打印机厂商但也无疾而终。最终的结果是6年来连续亏损、市值蒸发90%。

有评论说，这个黄色巨人在坚守的固执和傲慢中，被开放、平等、共享、创新的新时代的科技发展的特点和规律打倒。而柯达的对手不是任何人，而是自己。

我们的结论是，任何公司不能以大为傲。公司再大，在市场面前都是小公司。重大的战略失误，完全可能在短时间葬送百年老店。

1

世上最难的事是什么？把别人的钱合理合法地装进自己的口袋。谁能做到这一点？企业家。

近来听到一句话，"做企业人，说企业话，办企业事"，是山西国资系统一位老总说的。在一次座谈会上，他十分反感一些企业家说官话，两眼空空地说一些不着边际的话，"空空洞洞，空空荡荡"。言下之意，你既然是搞企业的，就必须有企业家素质、企业家心态、企业家状态，必须勇猛、务实、敢作敢为。

面对企业发展难，许多人埋怨说，国家不给中小企业放权，搞国进民退，无形中抬高了中小企业尤其是微小企业进入的门槛。其实，我们改革开放几十年的发展史，就是企业成长史，就是企业家冲破牢笼的历史。离开这一核心，所有理论都是空话。

对企业理解程度，对企业尊重程度，考验着政府的领导力。

中国新型企业家诞生于1978年后，兴盛于1980年代，繁盛于1992年小平南行讲话。如今，随着转型发展跨越发展成为时代主流，关于企业家的讨论再度成为热点。无论何种体制何种政治制度，发展才是硬道理。尊崇企业家，并不是要求所有人都下海，而是要有企业家思维，用经济手段、经营方式去处理一切。

深处内陆，山西也有不少公务员辞职下海，摒弃了稳定收入的职位，去做自己喜欢的事业。让人不能振奋的是，失败多于成功。为什么？在没有掌握企业核心与本质之前,他们就勇敢地跳下海。赤膊上阵,勇气可嘉;纷纷落马,效果堪忧。

2

对企业家,我讲过一句话,"如果路线错误,停止就是成功"。

这是一个商业化了的世界。不能用社会伦理来解释所有发生的事情,却又无一例外地走进道德伦理的谶语。资本是流动的,一如频繁流动的人才。任何年代,物质总量不会发生变化,所不同的是更换了主人。

在经济领域,前瞻性与持久战高度结合,或许可以挽救大厦之将倾。强者,是这个社会(组织)唯一存在的秘笈。智者待价而沽,强者随情而化。

明辨方向厘清路径,对于任何组织和人群,都是首要问题。古往今来成大事者,其势不可挡、一切向前冲的底气和勇气,无一例外地来源于对时局清醒的认识。认清时局才能认识自己。即使弱小如浮游生物,你同样拥有世界一角。就算无比庞大,你也不会占据整个世界。追逐一个人要始终如一,追逐一件事、一项事业同样需要如此。执著与"放弃"不矛盾,是一个硬币的两面,前提是,你必须有一双慧眼,有能力识别真假与好歹,除非你是盲人或瞽者,或者,你天生就不是领袖。

3

丛林法则逼迫着我们必须走向强大。

一个退缩的民族,一个不当第一的民族,除了被歼灭,被别的种族取代,没有第二条路可走。即使宣扬非暴力不合作,也是一种斗争方式,弱者的生存方式。

如何在竞争中胜出?我们需要人力资源,这是根本。我们需要定位,这是前提。一个不知自己为何物的人或组织,一定要走向失败,即使表面看起来多么风光。我们需要执行力。

简单概括,任何事业都逃不出七个字:团队、定位、执行力。

一个坚强的团队,来源于信念统一。拥有一整套思想体系,是团队建设的理论基础。为了统一理想,或者说为了生存得更好,这个团队必须摆脱窝里斗、假大空、窝囊废、无能等弊端,更重要的是,必须祛除弄虚作假的无耻嘴脸。

一个组织的定位,来源于调查研究,来源于对敌对势力、自我力量的精准研判。掌握好这一点,必须先厘清大环境,看看国际国内的环境,是不是符合大环境趋势。面对信息化,如果继续戴着油光可鉴的瓜皮小帽,文绉绉地做一些臆想判断,失败是迟早的事。定位,也就是打造组织核心竞争力的过程。你之所以能够生存,是因为你有生存的前提条件和理由,这个理由是天然存在于你身上的,别人不会夺走,更不会模仿。

执行力,事关事业发展的程度。好的执行力是不打折扣的,坏的执行力是要将航船制造偏向,进而颠覆在浩瀚的大海里的。

我们面临的生存环境,从来没有如此恶劣过,压迫着经济体喘不过气来。我们的实体经济生存环境从来没有这么艰难过。剔除出口压力,我们有关刺激国内经济的政策,因为辅助条件欠缺,老百姓不敢消费,14%的人掌握着98%以上的资金和物质,贫富悬殊历史罕见。如果放任房地产增长,银行一旦资金链断裂,垮掉的不仅仅货币金融体系,更是整个国民经济。新的经济增长点没有建立,缺乏硬件和人力资源支持,文化体系建设乏力。

4

有必要将晋商、新晋商、将新一代企业家走过的路,用文字记录下来,记录他们的创业艰辛,更记录他们的教训,这是《新晋商新天下》编纂的初衷和动议。

华夏之根，晋商一家。"纵横天下五百年，跨越欧亚三万里"的晋商，孕育出"节俭勤奋、明礼诚信、精于管理、勇于开拓"的晋商精神。如今，新一代山西商人靠着这种自强不息的精神，白手起家而成大业。求同存异的经营策略和自强不息的经营精神，使晋商文化发扬光大。晋商的大旗将由新一代晋商继续扛起，晋商的辉煌篇章也将由他们继续谱写。

2008年以来全球经济衰退，让中国人感受到了三十多年来的首度寒冷。出口受阻，消费低迷，实体经济不振，股市震荡下行，公众信心缺乏，世界由过去的蓬蓬勃勃，一夜间跌向灰暗地带。对经济规律的认真省察，对企业家尤其是实业家的尊崇，无疑将提升到一个从未有过的高度。

由山西省晋商文化交流协会组织编撰的《新晋商新天下》，选材主要是全国各地商会的晋籍实业家，包括山西本土的企业家，落脚点放在晋商突围上。他们分布在产业体系的每个环节，作为实体经济的操盘手，他们用自己的公司和企业，用自己的身体和信念，艰难地跋涉着。字面意义上他们很成功，入夜，他们抹下的是辛酸的泪，抚慰着久久难以愈合的伤口。做企业，就是走上了一条不归路。他们的尝试，他们的成功与失败，他们的绝地反击，彰显的不仅仅是人类面对自然求生的本能，更升腾着一种息息不生的坚强信念。

那些正在路上的创业者，不妨在百忙之中停下脚步，听听这些晋商们的声音、学学他们的经验。

《新晋商新天下》所收录的通讯报道，来源于全省、全国公开出版的报刊和著述，来源于全国各地晋商会的推荐，也有本书编辑的约稿。全书20多万字，入选的典型人物有郭台铭、李彦宏、阎吉英、郭凤莲等，涉及钢铁、煤炭、制造、旅游、地产、医药、农业、互联网等行业。他们真实地反映了2008年以来，遍布全国的晋籍企业家的创业路，从一个个侧面，注释了晋商精神的精髓——技术和手段不敌诚信经营，诚信经营离不开技术进步与转型、创新。

5

作为全球经济链条上的重要一环,在提振经济、转型发展恢复经济生态中,晋商举足轻重。晋商的历史担当在于,它开创了以信用代替了熟人间道德的全新体系;新一代晋商的历史担当应该是,担起世界经济发展大势,借转型发展机缘,走科学发展、和谐发展之路,重建纵横国际、洲际的信用体系。

央视前些年制作了一期节目,好像叫"赢在中国",主题歌叫《在路上》,刘欢唱的,是讲创业故事的,始作俑者、制片人叫王利芬,现在已辞职下海,直接辞去了令人羡慕的央视舒服的岗位,自己做企业了。

《赢在中国》的魅力在于,让许多懵懵懂懂的青年摆脱了当官的桎梏,走向了依靠个人能力养家糊口的市场中,他们果断地"扑通"一声,下海了。

《在路上》歌词这样写着:

那一天

我不得已上路

为不安分的心

为自尊的生存

为自我的证明

路上的辛酸已融进我的眼睛

心灵的困境已化作我的坚定

在路上用我心灵的呼声

在路上只为伴着我的人

在路上是我生命的远行

在路上只为温暖我的人

……

悠扬之下带着苍凉,深沉的曲调里,透着一股不屈不挠的意志力。这是一曲激动人心的歌，一群义无反顾的青年，仿佛出水芙蓉，暗香盈袖，心香一瓣，面色红润，芳心乱跳……危机之中，我们正在尝试扶持一批中产阶级，前提是培养和造就一批中小企业家，新的社会责任担当者，拒绝庸俗。

是的，在钢铁的企业面前，站立在公司楼前，你终于找到了力量源泉。集一生之力做一件事，你开始所向披靡，无坚不摧。

◎高绍军：修建博物馆再现晋商创业故事

刘 斌

"晋商热"热了很多年，但晋商的实物收藏和保护，却没有赶上这股潮流。

在山西乃至全国文物收藏界，有一个人，被称作"山西民间护宝第一人"。他，十多年来收集有关晋商老玩意。2010年山西太原晋商文化艺术周期间，"晋商实物遗存展"在山西民俗博物馆（文庙）内展出，展出的文物大到房屋、院落，小到吃穿住行所用物品6500件，全部来自他的收藏。而这些，仅仅是他所有藏品的1/3。

他的名字叫高绍军，是一所营业额过亿的大型餐饮连锁企业老板。多年前他发现，许多山西的牌楼、古建筑被拆散流落，从此开始了艰辛的收集晋商文物的历程。这些年来，他收集、保护了一万多件石雕、砖雕和木雕，一千多块牌匾，十多座古戏台和七十多间老房子。现在，他是山西会馆馆长，山西省民俗博物馆名誉副馆长。

他是"收破烂的疯子"

十多年前，高绍军就是个创业有成的年轻人，当年他被评为"太原市优秀青年企业家"。有一天，他到北京开会，路遇一位保定的参会人员。闲聊中，对方听说他是山西来的，马上像熟识一般，说在他们家门口就有个"山西会馆"，是晋商到那边做生意时留下的古建筑。这让高绍军很吃惊，他开始了探访之旅，参观考察了当年晋商在全国各地修建的几十座山西会馆。这些遍布全国各地的会馆及晋商遗存实物就像再现晋商文化的"活化石"，让他深深感叹前人的智慧和勤劳。

那么多在外地的晋商老建筑还留着，山西本地呢？高绍军带着自己公司的员工，开始在山西境内寻访。这次寻访让他惊讶地发现，在山西的农村，依然有不少明清晋商时代的"老房子"，这些房子窗棂雕刻精美，秀韵可见。但对当地人来说，它们已是"破烂"。有的要拆了盖新房，有的任其废弃，这让看了那么多外地山西晋商会馆的高绍军心急如焚，他决定要留下这些"祖先的宝贝"。

2001年，高绍军到朔州一员工家做客，无意中发现村里一户人家正在拆老房子。他和主人商量，自己帮他拆房子并盖新房，唯一要求就是这些老房子的物件要全部留给他。为了保护这个老房子的原貌，他找来专业古建施工队伍，一砖一瓦小心拆下，然后包裹运输回太原堆放到自己的仓库里。这是高绍军收的第一个晋商老房子。

谈起收房子的动机，高绍军说这和他的经历有关。高绍军上学学的是建筑，从学校毕业后，到太原市的公房修缮队工作。那时的公房很多都是古建筑，他从中学到了很多古建方面的知识，也喜欢上了那些明清风格的建筑。

他在跟"推土机比赛"

高绍军刚开始收藏这些东西时，一方面是爱好，一方面也想作为自己的企业文化进行推广。但后来，他刹不住车了。

有一次，他在临汾市区看到一座古戏台，造型非常精美，细细打听得知，戏台建于明代末期，戏台为歇山式屋顶，艺术价值极高。他看后的一个月，接到了朋友的电话，说当地要修路，那个戏台正好在规划的路中间，要拆。高绍军马不停蹄驱车赶往现场，推土机已经到了戏台跟前，工人们正准备推倒戏台的柱子呢。

他形容那时候的自己是在跟"推土机比赛"。他赶忙找到施工方，赔上停工的费用，赶紧带着自己的施工队伍，将戏台的所有构件一一编号，然后按部取下。那天，如果他迟去几个小时，这座精美的戏台也就成了一堆建筑垃圾了。"好东西今天能看见，明天就消失了，你说我能不着急吗？"让他着急的原因，他说是"太心疼了"。他看到过将祖先获赠的精美木质匾额作成的床、粮柜；将寺庙精美的木雕劈了柴，烧了火；也看到过一座座古代戏台在各地城镇不断扩建的大潮中成了一堆废墟。

他跑遍了山西100多个县，在各地都安插了自己的"侦察兵"。他说"下面有人"是他最大的骄傲，哪里要拆晋商老房子，他准能及时知道并迅速赶过去，花钱把要拆的老房子买下来。

10多年下来，高绍军收藏的晋商文物越来越多。家里放不下了，就在外租仓库存放。他在朔州的一个仓库里放着35000套收来的磨盘；在晋中的仓库里放着石质门墩3000多个，拴马桩4500个。

"我也知道没用，但这些东西都是晋商留给我们的遗产，我们作为后人要眼睁睁看它流失，那太不应该了。"高绍军说。

他的"晋商博物馆梦"

2010年晋商文化艺术周，给了高绍军展示自己藏品的机会。山西民俗博物馆腾出一块地方举办"晋商实物遗存展"。他每天呆在馆内，热心地给来人做着解说。

10多年间，高绍军这方面的投资超过1.5亿元。他收集民间文物的资金，来源于自己开办的几个餐饮企业。多少次公司资金紧张，部分工人的工资暂时发不出来，但只要收集到民间文物线索，他就是借钱也要收回来。

2004年，当时有一座清朝初期的晋商古宅门脸要卖，高绍军已经付了5万元定金，但东西仍然被主人违约卖了出去，高绍军央求主人告知买主后，千里追踪。而等他见到这幅门脸时，已经倒手了18次手，且物件已经被包好放到了准备出境的货船上。高绍军当时没有那么多资金，他把自己已经付款的新房退了，拿出买新房的钱买下了这个老宅子的门脸。

直到现在，高绍军全家四口人仍然住在80平方米的旧房子里。一个年营业收入亿元的企业老总没钱买房子，这让很多人听来不可思议。但他对晋商文物的保护却痴心不改。他妻子告诉记者，当看到好的晋商文物，如果家里实在没有钱了，他就借高利贷，他老说钱还能赚回来，但东西没了就找不回来了。

不知多少次，有人建议高绍军把文物变现，他愤慨地说："我又不是文物贩子，我要卖的话，何苦来买！"但收的东西越来越多，他将不少藏品放在了他的饭店中展示，但也远远不够，他没有一个专业的博物馆展出自己收集来的这些古建筑和物品，藏品散落在各地的仓库中，"谁拥有不重要，关键是让大家能看到这些好东西，能了解这些好东西。"

为了举办"晋商实物遗存展"，高绍军将藏在各地仓库的藏品装车运进太原市，数十辆大卡车组成了一个车队运了十多趟，耗资280万元。而展览完全免费，他一分钱收入也没有。

他说他还会收下去，只要企业有一点利润，他就会收下去。高绍军有一个梦想，就是为自己的藏品建一个博物馆。谈到自己的博物馆梦，他算了算说，如果每家店收入再增加30%，2015年左右就能搞博物馆了。说起这些，他一时间顾盼神飞。高绍军坦承目前经费严重不足，"晋商创业也很艰难，我算晋商的后代，我相信，坚持就能胜利。"

◎郭凤莲：从铁姑娘到董事长

李 冬

近期，几乎在每篇关于郭凤莲的报道中，提及她的外形时，总会出现"鲜艳"、"精神"、"时髦"等词汇。而郭凤莲很经典的一句"人不能跟历史赌气"，又让人们从中读出了这位铁姑娘的智慧。

这位当年的大寨铁姑娘队队长的人生，伴随着历史这架过山车而大起大落。郭凤莲因之辉煌过，更因之眩晕苦闷过，后来理清思绪，转变观念，使大寨完成了从昔日"政治品牌"到今朝"经济品牌"的转身。2009年1月18日，她因此荣获第七届"中国十大女杰"荣誉称号。

农业学大寨

大寨，自1964年起曾作为全国农业的一面旗帜飘扬了15年之久。

郭凤莲3岁丧母，从小跟随家住大寨的姥姥生活，成了大寨人。1962年完小（六年制小学）毕业后，郭凤莲到大寨幼儿园当了一年多的"孩子王"。

1963年8月，大寨遭遇了一场毁灭性的洪涝灾害。百年不遇的山洪让大寨这个小山村陷入了一片汪洋之中，139亩梯田被大水冲得裸露出坚硬的石头，41亩庄稼不见踪影，全村140眼窑洞，有113眼坍塌，125间房子中，有77间躺倒在泥水里，村里几百口人无处栖身……

洪灾后，地里的玉米全部倒伏，需要有人把一棵棵倒伏的玉米扶正。村里14岁到17岁的女孩被组织起来干这项工作。危急关头，17岁的郭凤莲义无反顾地率领全村的23名女青年组成突击队，走上了抢险第一线，这就是后来闻名全国的铁姑娘队。

随后，国家送来了救灾的钱、粮和物资。然而，大寨村的党支部当即提出了三不要三不少的口号："不要国家钱、粮、物资，交售国家粮食不能少、群众分红不能少、社员口粮不能少。"伴随着自力更生、生产自救，大寨现象也逐渐成为媒体追逐的目标。从昔阳县到晋中，从山西省到党中央，各级领导纷纷把目光投向了大寨。

1964年2月10日，《人民日报》发表《大寨之路》通讯，同时还配发了社论，号召全国人民学习大寨的革命精神。同年5月，毛主席指出：要自力更生，要像大寨那样。12月，周总理在第三届全国人民代表大会第一次会议所作的《政府工作报告》中提倡学习大寨精神。

资料显示，从上世纪60年代到70年代，大寨曾接待过来自134个国家和地区的25478名外宾，其中有22个国家的元首或政府首脑。高峰期一天接待过50多个国家的客人，而国内前往参观学习的至少有960多万人次，也就是说，中国每平方公里土地上，都要派出一个代表，前来学习大寨精神。大寨成为举世皆知的名地，是当时"中国最著名的乡村"。铁姑娘郭凤莲的名字和那句"男人能干的，女人也一样能干"传遍中国。

人生的转折

然而，随着"文化大革命"的结束，拨乱反正的开始，大寨从风光无限，一夜之间跌入低谷。一开始人们从谈农业必谈大寨，转而在政治风云突变后开始批"左"必批大寨。1980年秋，郭凤莲背上铺盖卷儿去晋中果树研究所报到。

"我是被调离大寨的,至今也没有搞清楚为什么要调离大寨。对我下调令那天,我正在狼窝掌挖管道,准备要把水管埋到地下去。上午突然来了一辆吉普车,县委通知我有事,我也搞不清是什么事,放下镢头浑身是土的往县委走。我去的时候还高高兴兴的,以为是县委让我接待什么客人,没想到是调令下来了。县委书记和组织部长拿着一纸调令说,晋中地委组织部决定,从即日起郭凤莲调离大寨,这几句话我记得是特别清楚。当时一宣布,我觉得特别残忍。我郭凤莲还不能对群众说我为什么调离了,不能在大寨了。"

于是,郭凤莲先是到晋中市果树研究所种了四年11个月的树,1987年又到昔阳县公路段修了四年11个月的路。

1991年11月15日,中共昔阳县委郑重下文任命:调正在山西省晋中地区昔阳县公路段当书记的郭凤莲,重返大寨任村党支部书记。对郭凤莲来说,这无疑是人生中又一个难于选择的时刻。"当时组织找我谈话时,我心情很复杂,尽管对生我养我的大寨有一生都割舍不断的感情,但毕竟离开11年了,都45岁的人了回去能干好吗?而且,家里人也反对我回去。"

当年郭凤莲离开大寨后,大寨村走马灯似的换过四任村支书,经济上毫无起色。她经过激烈的思想斗争,终于下定了重返大寨的决心。"作为一名大寨人,作为一名有着几十年党龄的党员,面对党的信任与人民的希望时,我觉得必须责无旁贷地承担下来。"

总会有人问郭凤莲:"你对大寨还没有伤透心吗?"她笑着说:"人不能与历史赌气,过去了就让它过去吧,人的思想是要转换的,你不转换,老死在那里干啥?"

可郭凤莲回村一看,难度比她听说和想象的还大,用脏、乱、差三个字来概括一点不过分。

十一届三中全会后,全国农村掀起了新一轮改革的浪潮,党中央推行联产承包责任制,制定开展多种经营,发展乡镇企业的方针、政策,使中国的农村走上了快速发展的轨道，千万元村、百万元户成为一个时代的象征。而当时的大寨仍然囿于传统农业的思维方式，耕种着700亩耕地。"离开大寨11年，没想到回来竟变得这么落后了。1991年人均收入730元，清产核资后一看家底，集体是个空洞洞，除了快要倒闭的化工厂，全村一年十几万元的开销都指望着村里的那个煤矿，还欠有外债……哎呀，那个心情十分的沉重。"郭凤莲回忆道。

此外，郭凤莲还发现村民的思想普遍处于一种迷惘之中。"大家见了我有诉不完的委屈淌不完的泪水，连自力更生、艰苦奋斗的大寨精神也不敢肯定是对还是错，对改革开放的政策好多人还不理解，悲观失望大于希望。总之，背上了沉重的思想包袱，由此还引来许多不安定因素。"

集体经济没有发展，个体和私营经济也是白纸一张，村里死气沉沉，村民情绪低落。领导的嘱托和村民的期盼使她坚定了发展大寨，再铸辉煌的决心和信心。

忘了大寨可不行

1992年初，邓小平的南方谈话极大地推动了全国改革开放进程。郭凤莲决定带领大寨人走出去看一看外面的世界，尽快换脑筋。

远的地方不好去，她决定先去与自己条件相似的近邻河北。"我一共筹借了5000元钱，每家出一个人，130人乘坐着四辆租来的车来到从前学大寨的典型获鹿县高前村参观学习。那里的书记是我们老乡，因为发展多种经营，农民大多住上了两层楼，生活富裕程度令大寨人不敢相信高前村还是农村吗？真是不看不知道，一比吓一跳。"

回去后，郭凤莲大会小会的引导村民。一时议不通的，郭凤莲就说，"大家不要再争论了，看看人家，我们大寨再不发展的话，连生活都要无法维持了。过去是全国学大寨，现在需要的是大寨学全国。"大寨人的观念就这样慢慢开始转变。

此后,郭凤莲还带领村里骨干去山东、上海、江苏、浙江、北京等地学习,在虚心向新老朋友请教的同时,更获得了朋友们的无私支持。接着,郭凤莲带领大寨人采取了"一看二改三干"的三步走方略,适应市场经济,营造发展氛围,让全村人认识到:大寨人既然能在计划经济的年代里用自己的双手谱写战天斗地的英雄诗篇,就一定能在市场经济的大潮中以自己的智慧创造改革开放的新业绩。"看,使大寨人开了眼界,认识到自己的差距;改,使大寨人换了脑筋,摒弃了旧的观念;干,使大寨人有了信心,感受到希望的曙光。"经过两年的看、改、干,大寨开始焕发出勃勃生机,农业到了户,工业起了步,第三产业开了路,发展大寨的良好氛围形成了。

1992年,郭凤莲的第一个项目,与江苏江阴合作的羊毛衫厂落户大寨。同年,大寨村第一个中外合资项目——大寨水泥公司成立,生产大寨牌水泥。

随后,以"大寨"命名的产品如雨后春笋般不断涌现:大寨酒、大寨醋、大寨面粉、大寨衬衣、大寨核桃露、大寨铝塑管、大寨杂粮……所有这些企业都由一个共同的公司管理——大寨经济开发总公司,公司董事长兼总经理就是郭凤莲。大寨村逐步形成了"大寨品牌+龙头企业+生产基地+千家万户"的发展模式。2006年,"大寨"商标被授予"山西省著名商标"称号。

郭凤莲重回大寨的这些年,大寨建起了最漂亮、最气派、县重点的"大寨小学",占地一千多平方米,投资120多万元,考进这所学校的学生享受免费教育。1993年,大寨开始实施老年养老金,60岁以上的老人每月可领取200元,70岁以上的老人,每月领取300元,解决了老人生活无靠的实际困难,同时入学儿童免除了学费,大学生每年享有奖学金1000元;2008年,全村村民解决了医疗保险……

"火车跑得快,全凭车头带",这句过去全国学大寨时常挂在嘴边的话,现在已很少听到,但郭凤莲却依然如故,以此来鞭策村干部和党员。

"车头就是指领导干部,领导干部靠什么来带动火车跑得快呢?这就是以身作则,率先垂范。过去老陈(陈永贵)有句名言:'干部干部,先干一步。'我曾对去大寨的游客说，太行山脉的每一座山头每一处村庄都像一条船，我是大寨这条船的船长，船长是船舶的行政和技术一把手，船东是全体大寨村民。在计划经济时代，大寨的航道就像条窄胡同，以粮为纲，单一经营；改革开放以来，我们拓宽了航道，由单一的农耕经济向复合型经济转变，向生态大寨、旅游大寨、城镇大寨发展。在带领群众发展商品经济中，大寨党总支扬起的是共同富裕的风帆，我们要掌好舵。"

◎郭台铭：浓浓乡情

雅　婷　程旭荣

从30万元台币的小小黑白电视机旋钮工厂，到"台湾最大民营制造企业"，从"台湾最大民营制造企业"到"台湾最大民营企业"，再到"台湾营收最大企业"，郭台铭在全球性的经济低迷中征战四方、大者恒大，让企业称谓越来越短的同时，也让外界对他个人的称谓越来越简单——转眼间，就从"台湾科技首富"简单到"台湾首富"。

他创造了10年内由百亿到兆（新台币）的飞速成长传奇。他的传奇，不是侥幸，不是昙花一现，更不是天马行空，而是必然，是深厚积累的结果，是数十年不露声色积蓄力量之后的大干一场。

用他自己的话说，这叫"阿里山上的神木之所以大，四千年前种子掉到土里时就决定了，绝不是四千年后才知道"。

2005年，他创办领导的鸿海集团，提前3年营收突破兆元（新台币）大关，在台湾第一个完成三大洲并购的基础上，再写年营收破兆的历史纪录，耸立起一座更高更强的超级竞争平台。

这个结果连他自己都没有想到。2005年年初他还说："等营业额超过一兆，我就要走了。"并预计自己要到2008年才能实现目标，"吃了秤砣铁了心，99%，2008年一定交棒出去。"

"寒冬中的孤雁"孤独展翅

常说自己是山西人的郭台铭，祖籍山西晋城，1950年生于台湾。

郭台铭的父亲是警察，生活拮据，但给了下一代很好的身教："他给我们很好的身教，教我们安贫乐道，不是我们的就不该去拿，我们家从小到大都没有自己的房子，没有沙发，最好的是藤椅,但我们不觉得自己贫穷。"

这样的经历，让郭台铭贵成为台湾首富后，依然每月花不到一万台币，生活十分简朴。最快乐的事是母亲下碗面给自己吃。"我是山西人，吃碗面、水饺、包子，就很舒服了，一点都不觉得不好，这才是真正的自我。"他说。

警察之子的背景，也让他养成疾恶如仇，对弱者更弱、强者更强的个性，对几次"碰车事件"的处理就是例证：有次坐公务车拜访客户，那是他第一次有司机开车，车子被一辆摩托车撞扁，他下车拿了1000元给摩托车司机去修车；有一次与中华邮政的车相撞，他看两方都有保险，就算了；还有一次，他的宾士300跟宾士500撞在一起，立即下车决定好好算账。他说："这就是我的个性。"

这样的经历和背景，更让他只能靠自己的努力去改变命运。

郭台铭念的是船务科，1971年到台湾复兴航运公司实习，因航运和贸易关系紧密，他利用机会，掌握到许多贸易知识，而且看到贸易背后的机遇。"可是我转念一想，没有工厂哪来的贸易？"由此萌生了如有可能，要自己开工厂的念头。

结束实习和服役之后，机会出现在郭台铭面前。一个朋友告诉他，有个外商想找一家公司承接一批塑料零件的生产。确认消息后，郭台铭用母亲做标会的10万台币和几个朋友一道干了起来，并于第二年(1974年)在台北注册了资本为30万台币的鸿海塑料企业有限公司。工厂初创，连模具组都买不起。为完成订单，他四处到模具厂请人帮忙。最初，每月还有营业额8万元，但很快遭遇石油危机的冲击，转眼就陷入绝境。1975年更是负债累累，朋友股东们决定洗手上岸。

因为深信电子业在台湾大有可为，郭台铭决定独自支撑局面。他向岳丈借了70万，将公司改名为鸿海精密工业，并由先前的电视机旋钮转向生产电视机用高压阳极帽组件。

此时的郭台铭，就像他自己后来常常比喻的"寒冬中的孤雁"那样，只能在寒风凛冽中孤独展翅，依靠自己，飞出一个春天来。

像一个地瓜，在田里默默地长大

孤独不单是股东的撤退，鸿海没有规模和技术，郭台铭没有背景，也没有让政府心动的远景，有的只是困难，还有小混混来收保护费。"最可恶的是，早上有人来推销消防器材，如果不付钱购买，下午就会有官员来做消防检查。"融资贷款就更谈不上，多年后，他常常笑言："20年前我把公司设在台北土城，就是因为土城有一间看守所，是台湾专门关经济犯的地方。要有一天我因支票无法兑现被关了，我老婆还很方便来看我，报告我公司状况，让公司继续运营。"

有一次，新加坡劳工部长向郭台铭请教，台湾当局用了什么政策让中小企业纷纷走上世界的舞台？他说："新加坡把中小企业照顾得太好了，所以企业经不起大风大浪；而台湾当局什么都没有做，却让台湾的中小企业有了蟑螂一样的生存能力。"

靠着蟑螂一样的生存能力，郭台铭无人助，就自助。"像一个地瓜，在田里默默地长大"，坚强地带领鸿海绝处逢生，公司也因此转入赢利，到1977年时，其资本额已增加至200万台币。

此时，台湾经济起飞，地产和地皮价格不断上涨，他的工厂附近就有土地要出售，每坪才3800元，如果借机搞地产，肯定大赚钱。另外，制造业的蓬勃发展也让原料短缺，如果购买囤积，也会比代工赚得多。面对唾手可得的良机，首次拥有百万资本的郭台铭不得不仔细考虑。一贯雷厉风行的他花了两个星期才定下答案，天天问自己："我到底是以赚钱为目的，还是准备从事长久的工业？"

最终，他决定从事长久的工业。求人要模具的无奈，让郭台铭对自主技术刻骨铭心：要长久，就必须拥有技术。他决定用这笔钱兴建自己的模具厂，告别过去常常因没有模具而喊天天不应，叫地地不灵的窘境，以掌握自主权，争取更大发展空间。

艰难时三个月没有拿钱回家

这是一个现在人人都会佩服的决定，但当时却被认为是傻到顶的一根筋。不到一年，他看好的土地就涨了十多倍，原料也是水涨船高，但鸿海刚刚建立的模具厂却让人忧心。

一方面是模具开发的压力，因为设备和员工都是新的，他和创业伙伴，也就是现在的鸿海总工程师陈一飞，决定借机打破台湾模具界的"师徒制"传统，将模具的开发公式化，但是受到老模具师傅的反对，甚至集体抗议。一方面因为模具本身没有直接利润，而且刚开始成本较高，工厂产量小，规模效应发挥不出来。另外，优秀的人才都想到大公司去上班，没人愿意屈就于小小的鸿海，处处都是困难。

家庭生活也受到牵连。当时，郭台铭的儿子刚出生不久，他每天一两点才睡，五六点就要出门。"为了睡好，只好跟太太分房睡。儿子整整哭了一个月，最后我忍不住问太太：为什么儿子一直哭？太太才跟我说，你已经三个月没有拿钱回家了！"郭台铭回忆，当时为了节省钱，他连长途电话都要到父母家去打。有次过年，给员工发完年终奖后，只剩2000元钱，初一给父母1000元，初二给太太娘家1000元，初三就身无分文，一头扎进工厂中。他说："有时真不知道这个决定是不是太傻。只是每到过年，我都告诉自己，坚持下去，一天不自我累积技术，便一天要受制于人。"

4年后（1980年），他得到了是不是太傻的答案。当炒地、囤原料的人开始原地踏步或走下坡时，鸿海因为拥有同业竞争者没有的技术实力和平台，接到了第一笔来自美国跨国公司的大订单。

为进一步将模具平台的核心优势转为竞争优势，郭台铭还提出"打造先进制造力"的构想，要求鸿海"搞自主研发，不断地把科技成果转换为生产力，并且在这个方向上全力以赴，长期不变。"同时，还将全部利润投入到生产，以扩大产能。

但问题相伴而来。因为是代工，鸿海的业绩增长只能建立在委托代工企业的业绩增长之上，这样一来，为谁代工就显得十分重要。此时，委托鸿海代工的电视、收音机制造企业却因台币快速升值纷纷倒闭。为保鸿海生存，郭台铭苦练内功，控制成本，力求每个环节都以最低成本产生最大效应。其时，鸿海与美国公司的生意是通过中间商完成的，郭台铭希望能直接与对方交易，打电话过去，说如果直接做，有"秘密武器"可把成本降到"吓死人"的地步。客户派来代表时，他故弄玄虚地把人带到一台刚研发成功的圆形机器面前——因为这个机器，可以利用震动来推动顶针，省掉了由人工一根一根插针的成本。

最终，靠着低成本和模具的领先，鸿海在逆市和微利中赢取客户。

山西难忘的浓浓乡情

2011年3月30日，阳光灿烂，春风和煦。山西省泽州县南岭乡葛万村以家乡人传统的舞狮、舞龙和独特的八音会来迎接郭台铭先生回家，这已是他第八次踏上故乡的土地。

这些年来，这位远在台湾的晋籍富商对家乡的发展没少出力。先后为家乡教育科研、助残济困、修路架桥等公益事业捐款1.1293亿元。老百姓用"功德无量"来表达对他善举的感激。

也许，许多生活在晋城的市民尚不知晓，自己手机上的照相机镜头也许就产自咱晋城。全球最大的光学镜头模组生产基地、全球最大的光通讯连接器生产基地就在晋城，就在我们的眼皮底下——富士康晋城科技工业园。

在晋城建设富士康科技工业园，按照郭台铭的设想，工业园总投资5亿美元，可吸纳2.5万到3万人就业，建成后年销售额100亿以上。

富士康许多高层都反对郭台铭的这个决定：晋城物流成本高，不具备通关能力，没有相对应的配套企业。但郭台铭一锤定音："凡在晋城投资增加的成本，都从我个人的年终分红中核减！"

晋城富士康就这样横空出世。2006年破土动工，2008年完成产值6.58亿元。此后一年一个大变化，一年一个大台阶。2011年前四个月，晋城富士康科技工业园区完成产值26亿元，实现税收6000多万元，安排就业2.2万人，预计全年产值将突破50亿元。

对山西这片土地，郭台铭爱得深、爱得真、爱得切。对这片土地上的人民，郭台铭倾注了浓浓的情、浓浓的爱。

◎贾樟柯：拍摄商业片并没有挑战

熊寥

贾樟柯，山西汾阳人。

作为一个"电影导演"，贾樟柯曾经被家人认为是"不务正业"，他的一些亲戚、朋友因为开煤矿，迅速积累起了巨大的财富。他中学的好朋友，有好几个从事煤矿焦化行业的，都为他感到遗憾，觉得他选错行了，为什么要拍电影而不是去做煤老板呢？

2006年，贾樟柯凭借影片《三峡好人》获得威尼斯国际电影节最佳影片金狮奖，同时成立自己的公司"西河星汇"，开始投资别的导演拍摄影片，并协助处理自己日渐增多的商业活动。他细化每个项目的投资和收益，开始明白如果投资1000万的影片，需要卖到8个国家的版权就可以达到营收平衡。

"我通过拍电影赚来的钱不比任何大片的导演少，因为我是自己的老板。"现在，他的煤老板同乡开始频繁登门拜访，在资源枯竭和政策收紧的重压之下，他们在寻找新的产业机会，而中国电影的快速发展让他们看到希望。但贾樟柯对于资本有着严苛的要求，他明白，每笔投资的背后必须有互补的资源。

贾樟柯从来都不是一个困窘的文艺片导演，即使在他的影片不能在国内上映的时候。他现在拥有15部影片的版权，而其中有2/3都被认为是非常杰出的电影，获得过全球各大电影节的奖项，这些还在持续为他带来收益。他希望以后能拥有自己的艺术院线，开设在最繁华的地区，"大概需要两三亿元，才能有点规模"，时间表就定在2015年左右。

贾樟柯坦言自己身上有"晋商"的传承，他来自一个有财富记忆的家族。爷爷是成功的外科大夫，有自己的药厂和医院，曾经富甲一方，现在当地医院里药房用的家具还是他们家留下的。这背后意味着很多——温良，不与人争长短的家风；近乎宗教信仰一般的节俭；为人处世安身立命的体面。当然，还有他个人的野心，"我感到隐隐约约是一个目光，就是你不能干得太差。"

看不见的电影

贾樟柯在大陆公映的第一部影片是《世界》，投资1000万，国内的票房只有区区200万元。但事实上，对于贾樟柯的大部分作品来说，票房收入只是影片收益中很少的部分。按照发行方公布的数字，《世界》在北美地区的版权就高达百万美元，国际销售在2004年的华语片中仅次于《十面埋伏》和《2046》。

甚至在《世界》之前，贾樟柯的作品都没有在大陆上映，票房数字为零。这背后，显然有一个不同于大陆大部分影片的运作和盈利模式。

以贾樟柯的第一部长片《小武》为例。1997年，他得到不足40万元的投资，一半来自香港的一家小制作公司，一半来自山西的朋友。《小武》在柏林电影节首映，并获得青年论坛首奖，此后版权收入源源不断。而现在，《小武》仍在给贾樟柯带来持续的收入，"还在卖，我每年都能从《小武》那里挣到很多钱。像美国的电视台，过三四年版权过期就再续一次。就是我们这类型电影非常重要，如果你是真正优秀的艺术电影，你是一个非常长线的投资，一直在收钱。"

就像一块敲门砖，《小武》的成功，为贾樟柯带来了在电影工业里的口碑和影响力。

就这样，投资人开始追着贾樟柯从巴黎来到北京。

在第二部影片中，贾樟柯学会了挑选投资。

在西河星汇的电影业务中，除了投拍贾樟柯的电影，还有一部分是投资年轻导演的处女作。每部电影中会有1/3是公司的自有资金，另外一方面就是找两家合作单位。"目前的合作模式就是肯定会找一个国营的制片厂，这个制片的单位自身能够帮助我们进行行政立项这部分工作，同时他们自身都是国营的大的企业，有自己的院线系统。另外一部分是跟私营的其他制作单位，比如说跟保利博纳。就是希望能够通过这样的资金组合来形成一个市场互补的运作模式。"

贾樟柯投拍完成的6部电影中还没有一部在国内上映。但是作为"商品"来说，都给公司带来了收益。有人总结说，贾樟柯的商业模式是"艺术片+电影节"，但贾樟柯认为，这并不是一个可以复制或者模仿的模式。"每年只有75部左右的电影可以成为三大电影节的竞赛片，这不是每个人都有能力玩的游戏，所以它不是一个普遍的规则。电影节不单是对艺术电影，而是对各种类型的电影。"

广告的归广告，电影的归电影

和众多创意、文化产业一样，电影业需要从业者巧妙地在"艺术"和"商业"中找到平衡。"从我们进电影学院学习电影制作，上的第一堂课就告诉了我们——电影是艺术的所有门类中最花钱的，有很强的工业属性。"贾樟柯说。

在贾樟柯的作品序列中，有三部类型独特的影片——有的电影中充满着植入广告，而这三部电影有人觉得本身就是个大广告。

影评人杨晋松这样描述贾樟柯的新形象：闷声发大财的真老板。除了华润的《二十四城记》，他让刘小东的画作在《东》后大卖，令服装品牌"无用"从商业形象过渡到艺术殿堂。在冯小刚们还在为大片植入商业广告焦头烂额、招致诟病之际，他已经轻松地把"二十四城"这个楼盘用艺术的方式送进了戛纳。

面对广告植入的质疑，贾樟柯解释说，"这个最著名的例子就是《二十四城记》，我想拍那样一个电影，我找到了这家工厂，这家工厂已经把土地转让给华润房地产公司了。我去拍必须进入那个厂，必须经过两家的同意，一个是工厂，一个是华润。所以我就跟地产公司接触，地产公司一听，说我们一起做。为什么不？那对我来说为什么不，好啊，一起，你也投资，我也投资，上影也投资，所以三家投资。"

对于贾樟柯来说，重要的是拍摄的题材和自己有共鸣，之后的事情只是水到渠成的商业合作。

在他看来，拍电影和拍广告是完全不同的工作。"广告它是一个创造性的服务业。我所有的构思、理念是要服务这个产品，所以广告是不署名的，不是作品，它是一种服务。"

交通银行早在2008年就和贾樟柯合作拍摄百年行庆的广告片，交行企业文化部品牌经理李桦回忆说，"当时广告公司的代理推荐了几个导演。贾导已经在国际上崭露头角，获得很多奖项。而且他的手法很细腻、独特，适合这个片子。和一些港台导演比，性价比相当不错。后来广告的市场受欢迎度也很好。"

在影片《海上传奇》中，交行成为首席赞助商。影片一开始有长达6秒的交通银行上海分行的镜头。这种合作在贾樟柯看来只是基于影片的商业开发。他并不排斥这种商业合作，从公司的营收来看，最大的是电影版权的交易，现金流主要是靠广告，而商业开发是增值的部分。除了依托于影片的商业开发之外，贾樟柯和公司的其他导演还有大量的国际活动、影展交流。

票房与利润率

贾樟柯曾说,"冯小刚能在中国市场上拿几个亿,我也能通过其他的不同渠道挣到。"

此言非虚。在他看来,按照中国电影现在的票房分账规则,投资一亿的电影,票房达三个亿都还是赔钱的。必须要超过三亿,才能保本才能谈及盈利。"用销售额来说很多电影非常高,但是利润比起来我觉得大多数电影没有我高。"

贾樟柯的影片相比其他国内商业电影,回收的时间相对来说要长一些,但总量是巨大的。

但贾樟柯也愈发意识到终端院线的重要性。此前,他的几部影片在大陆上映时票房都不尽如人意,终端赚不到钱。2006年,他的《三峡好人》和张艺谋的《满城尽带黄金甲》在大陆同期上映,差距是300万和3亿。过去,作为一个导演,贾樟柯认为首先要让上游的投资人挣到钱。而现在,他希望通过努力,让更多的大陆观众走入电影院观看他的影片,得到更多人的认可。

贾樟柯拍摄的影片《在清朝》,这是他第一部投资近亿元的商业作品。有人说这意味着贾樟柯从"小片导演"到"大片导演"的转型,也有人质疑,贾樟柯的作品能否吸引到足够多的观众。但对贾樟柯来说,电影只是题材的区别,并无大小之分。

商业片意味着更大的商业责任,贾樟柯也明白,要想让更多的人从终端的影院来看这部电影,需要巧妙地把艺术通俗化。"比如说从演员的选择,我就选择一些公众比较热爱,比较喜闻乐见的明星。此外,整个电影的语言模式也应该通俗化,因为需要更多的观众从终端来买票看。在整体设想上就会有更多的商业特点。"

对于贾樟柯来说,拍摄商业片并没有挑战。《在清朝》的资金一直从2006年开始等他,而他手里还有4部商业片约,最快也要在2016年才能完成。

贾樟柯的目标已不再是在中国市场拿到多少，而是希望在全球市场能创造出一个奇迹。"因为事实上我有全球市场的基础，只不过目前还局限在所谓的艺术电影的范围里面。但是这些市场基础如果一扩容，一突破，我希望能够在全球总量上给华语片带来一个新的机会，就是新的一种成绩。如果我们中国电影一直没有能力在全球获得成功的话，只是仅限于内部市场的不停地刷新，这个也不是一个太好的事情。"

关于晋商传统的对话

作为新一代晋商的新锐代表，贾樟柯有着自己对"晋商"这一称谓独到的见解。

"我相信我的家族也是晋商的一部分，只不过晋商一般来说经营的都是票号，还有就是对外贸易。但是我爷爷是做医药的，跟晋商经营的这些实体是不一样的。我觉得比如说我们这样的家庭有财富之后，他希望形成所谓家风，就是一个家族的气质。这个气质最主要的一些内容，比如说温良不与人争长短，这是普遍的晋商的家教。它不是软弱，是不做无谓的消耗。比如要与人为善，在我接受的教育里，温良恭候不是怯懦，它是对别人的尊敬，所谓你敬我一尺我敬你一丈这些哲学。比如节俭，我们从小对节俭是有一种宗教观的培养。当你真正去做事情的时候，它又变成一种资源。因为它是你的训练，从小你经受过这样的训练，所以它是你与生俱来的。比如说事业打拼过程里面，难免有争斗、磕磕碰碰、言长言短，这些哲学、家教就会冒出来，把你给压抑住。还有我的个人野心。比如说我对融入和了解外面的世界就非常好奇。我觉得特别想去影展，想看别的国家的电影怎么拍的，那些同行是什么样的。比如说我第一个电影节就是柏林电影节，我觉得特别有趣，真的去德国看一看是什么样子。就是说它带来的某种潜意识里多少有一点想恢复家庭荣誉的努力。一点点，不多，就是有这种家族背景的人的潜在的基因。"

谈及自己的理想，贾樟柯说："我的理想都是具体的，没有虚幻的理想。我目前最想做的，就是做一个不缺钱的艺术院线。什么叫不缺钱，影院我有产权不用交房租，所以可以永远做我喜欢做的事情，我只要雇一些人工就可以了，当然我希望他们经营得好，能赚到钱，但是赚不到钱也无所谓，因为目前这种院线太难了。我希望我能够支持一些新的影评的系统，比如说新的影评人活动的组织，新的影评的杂志，我也希望能有好玩的艺术教育，有一些电影教育的新方法。包括我特别想做一个剧本的基金，就是在我最喜欢的大自然里盖几栋别墅，每年你可以来申请，我给你3个月时间让你住在那儿，我给你3个月的工资，那里有专门的服务人员，你就负责写剧本，写完了跟我没有关系，我就给你这样一个环境。你别每天在北京那么忙碌抽空写，你可以去庐山写，去泰山写，可以去五台山写。当然，这些想法的实现都需要财富。"

◎靳传秋：吃亏也是一种福气

牛艳斌

忙忙碌碌的工作人员正在清点货物，手里不停地记录着，进出的货车一趟趟运送着货物，偌大的一间库房一派繁忙景象。穿过库房推门进入一间办公室，一块写着"诚信赢天下"的金匾，醒目、耀眼，隽秀、大气的五个字让访客不由得感觉到一种踏实、可靠。金匾左下方的一排书柜里摆放着林林总总的书籍，有金融类、企业管理类、社科类等等，很多书籍的封面略有磨损，书页有些泛黄。书柜前一张偌大的办公桌上一只憨态可掬的铜羊，十分惹人喜爱。一位留着寸头，身材瘦小的中年男人眉头紧锁，正目不转睛地凝视着电脑屏幕，眼睛不大却炯炯有神。

他就是恒源祥彩羊品牌山西总代理靳传秋。

网络上一篇关于服装行业是走直供路线还是代理商路线的文章，让他沉思许久。"面对直供模式的发展壮大，代理商模式凭借自身的优势不会受到影响的。"靳传秋沉思片刻后说到。代理商的优势其实很明显，一方面代理商熟悉当地的客群情况，对于维系客户群关系有着天然的优势。在中国，代理商是不会消失的。这其中既有中国各区域差距较大、厂家无法用统一标准一刀切的原因，也有中国地大物博的国情因素，它直接决定了厂家直供的负担一定会比代理商重。所以对于我们代理商来讲，直供模式的发展壮大对我们是不会有影响的。靳传秋对于自己作为恒源祥山西总代理十分有信心。

"天天都得学习啊！否则就掉队了。"刚才还紧锁的眉头舒展了，摩挲着脑袋谦虚地说，"小时候家里太穷了，父亲早年卧病在床，母亲成了家里唯一的劳动力，起早贪黑一个月就几元钱的收入要养活四个孩子……"靳总一边说着一边望向窗外，回忆着小时候的艰难岁月。那时候，一家人经常吃不饱饭，饿肚子。10岁那年，有一次，因为实在是太饿了，他一下子就晕倒在地。参加工作以后，靳传秋被安排到了铁路部门工作，月收入80多元，在那个年代还是比较富足的。然而，从小吃尽苦头的他下定决心要出人头地，要让家人的生活好起来。

90年代初，改革开放的热潮鼓舞着每一个人，一心想要出人头地的他毅然放弃了当时令很多人羡慕的"铁饭碗"，决定要在省城太原大干一番。

温婉、贤惠的妻子就在靳传秋一无所有、打算白手起家的时候，义无反顾的来到他的身边，决心和他同甘共苦。靳传秋和妻子的婚礼没有酒席，没有婚纱照，更没有温馨浪漫的新房。"用现在流行的词形容就是裸婚嘛！"坐在一旁的妻子调侃到。结婚当天，只有一间租来的刚能放下一张床的小屋，墙壁上到处贴满了报纸，因为墙皮时不时会掉落。为了增添喜庆气氛，墙上挂着五颜六色的拉花，那是屋里唯一的装饰，这就是他们的新房，也成为他们日后艰苦创业的见证。婚宴上只有靳传秋亲自做的几道拿手小菜。一场只有新婚夫妇的婚礼，让靳传秋至今耿耿于怀："觉得很对不起她，没能给她一个像样的婚礼，一直都没有和妻子补照过一张结婚照，她默默地跟着我吃苦受累。"靳传秋望着坐在一旁的妻子，眼睛里所传达的语言只有他的妻子才能读懂。

靳传秋和妻子在太原海子边租了一间小摊位，开始了他人生中的创业第一步——销售服装。短短三年时间，靳传秋的豪爽、仗义和诚信使得他所经营的服装店很快在海子边站稳了脚，来来往往的客户络绎不绝，在赢得了众人好口碑的同时，他也赚到了人生中的第一桶金。

初来乍到的靳传秋，在三年的艰苦打拼后终于尝到了一丝甘甜。随即又开始摸索、寻觅更高的奋斗目标。经过考察和了解，太原服装城成了他的创业之路的第二站。同时，靳传秋扩大了业务范围，大胆尝试做个体加工批发业务。但是由于缺乏管理经验，仅仅一年时间，投入的十多万本金全部赔光，夫妻二人一夜之间变得身无分文。"她坐在床头就大哭起来……"靳传秋在谈到那次波折时，渐渐陷入了沉思。"走到那一步，只能硬着头皮往前走，否则连吃饭都成问题了。"妻子回忆起当时的情景，深深地吁了口气。

此后，夫妻俩在服装城租下一间小摊位重操旧业，6年的时间，夫妻俩的生意又开始红红火火起来。再次创业的经历，让靳传秋深刻感受到仅凭着一腔热血和真诚是不够的，要有专业的管理知识和正确的方式方法才能真正做大、做强。为此，他查阅了大量书籍，并且向成功的企业家们"偷艺"。从创业初期的缺乏经验到现在的游刃有余，靳传秋的服装事业风生水起。

2003年，靳传秋偶然间与我国的民族服装品牌恒源祥结缘，为他的事业开辟了新的通道。21世纪的消费者早已不再满足于产品的质量和款式，更多的需求来自于品牌所传递出的文化气息是否被欣赏和认同。同时，面对日益竞争激烈的市场环境，越来越多的洋品牌角逐中国市场，品牌文化愈加成为决定成败的砝码。

面对这样严峻的形式，靳传秋早已看在眼里。十多年来积攒的经验教训让他深知在激烈的市场竞争中，品牌对他意味着什么。如何选择品牌呢？斟酌许久的靳传秋，最终选择了恒源祥。并且抓住了千载难逢的时机，成为恒源祥集团服饰针织类产品山西唯一一家全系列总代理。

"其实一路走来，磕磕绊绊太多了，被人骗过，吃了不少亏，走了不少弯路。就是因为书读的少，缺乏专业知识才使得我从半山腰一夜之间跌入谷底。虽然吃了不少亏，但我依然觉得吃亏也是一种福气。"靳传秋回忆一路走过来的经历时，感慨万千。

"打拼这么多年，走到今天，靠的是什么呢？"靳传秋手指着书柜中几本关于李嘉诚的人物传记说："我一直都很崇拜成功商人——李嘉诚，他也是白手起家，艰难曲折的创业路上是诚实、勤勉造就了他今天的成功。因此在我的办公室最醒目的位置挂着'诚信赢天下'的牌匾，不管何时何地，都是以力服人者可以安身，以智服人者可以立命，以德服人者可以成就大事业。"

正如靳传秋所说的——以力服人者可以安身，以智服人者可以立命，以德服人者可以成就大事业。具备了这样的大品德，才能得以信服，才可以在三晋大地上开疆拓业，传承绚丽、悠久、厚重的晋商精神。

◎李兆会："领导"海鑫"继续前行

王亚彬　宋　飞

继日照钢铁杜双华之后，我们再次将关注点放在了与杜双华面临同样境遇的山西海鑫李兆会身上。同样是各自省份的钢铁大佬加首富，同样的面临被重组的命运，但不能就此说李兆会与杜双华的命运是相似的。李兆会年轻果敢，在钢铁战场风风火火，是其赢得同行们敬重的砝码；早早进入资本市场运作，更是给面临重组阴影的海鑫带来一些希望。不论突围与否，海鑫与李兆华，必定将为后来者带来启示。

对于海鑫钢铁集团董事长李兆会来说，他在做着和他父亲李海仓时代不同的事情。

在沸沸扬扬的山西钢铁重组传闻中，李兆会和他的海鑫钢铁的表现却始终不愠不火。

海归背景加守业雄心，李兆会在金融危机与山西钢铁重组的大潮下将作出与父辈怎样不同的抉择？

山西钢铁业界平静的表面下却暗潮汹涌。

坐困愁城？

经济危机带来山西钢铁集团的重组，成为悬在山西第二大钢企海鑫钢铁头上的达摩克利斯之剑。在"国进民退"的争论中，海鑫成为山西钢铁乃至全国钢铁业的焦点。近来不时有传言称其将被国有企业并购。

席卷全国的重组风暴刮到了山西。2009年4月15日出台的《山西省冶金产业调整和振兴规划》确定了以太钢为主导的省内重组方案，到2011年使太钢产能将扩大2倍以上，并适时组建山西钢铁集团，着手筹建五大基地。

山西省钢铁行业协会秘书长祝峰亮表示：山西省钢铁业整合将在这五大基地的基础上进行，不允许再开辟新的生产基地，其中运城基地将以海鑫钢铁为核心。

太钢无疑是山西钢铁业重组的最大宠儿。山西省政府要求太钢在技术装备水平、产品结构上做出重大调整，必须在重组上有重大突破。

但太钢在省内的重组还面临很大窘境：山西大多是中小民营钢企，中小企业虽愿意投靠太钢，但太钢却不予考虑。一位太钢管理人士坦言，对太钢来说，现在是个做强做大的机会，但中小企业"烂摊子太大，重组成本高"。

而在山西规划的5大钢铁基地中，长治钢铁已归顺首钢，临钢是太钢的分公司，而民营钢企中据《财经》杂志报道，其并购方酒钢在调查后已撤出收购，太钢自然也不愿意再趟这个浑水。因此，资产设备较优的海鑫钢铁显然已成为太钢重组的最佳选择。

收购海鑫钢铁，成为山西组建钢铁航母——"山西钢铁集团"的必经之路。

而海鑫的境遇似乎也并不足以抵抗"老大"太钢的强大攻势。

在国际金融危机的影响下，海鑫集团不得不从2008年10月开始逐步停炉限产。到2009年3月，只有两座炉在维持生产。

据海鑫内部人士向笔者透露，集团计划在7月份全部恢复生产，尽管目前市场形势开始好转，但是海鑫集团也面临着流动资金短缺的问题。

现实境遇，始终笼罩着的被重组的阴影。这一切都与海鑫一直强调的打造"百年老店"的目标相去甚远。海鑫能否走出内外交困的围城？

性格决定命运？

"李兆会绝不是糊不上墙的刘阿斗，如果说他还是个孩子，那么，他是孺子可教！"2003年，时任海鑫集团常务副董事长辛存海曾这样澄清外界传言，言外之意则是李兆会手下的海鑫并是那么轻易就会被重组。

地产大佬王石说，企业家性格左右企业命运。同样面临压力与危机，与父亲等同行前辈迥然不同的性格也将使李兆会做出完全不同的选择。那么李兆会是一个怎样的人呢？

"80后"少帅李兆会成长于2003年元月的那一天。那一天，父亲李海仓遇刺意外身亡。但七个年头过去了，海鑫集团在他的领导下，发展得却更为强大。

在那一天，海鑫开始种下与父辈完全不同的"种子"。

从匆忙接管海鑫到真正参与其中，短短几个月李兆会便完成了管理层的交接。任用澳洲留学的李文杰空降为总裁，海鑫成为"海归派"的天下。

大刀阔斧改革的背后是一颗渴望"做大做强"的雄心。自此，海鑫出现新的发展机遇。

2003年海鑫总产值超过50个亿，上缴利税超过10个亿，为当地财政贡献3个亿，成为历年来海鑫发展最迅速、最好的一年。接着数年业绩辉煌。

近日李文杰更是豪言称，海鑫将在三年内销售做到300亿。显然海鑫是追求独立独强的。

资深财经作家陈雪频曾表示，"富二代"和他们的父辈相比，他们的知识结构与背景、管理技能、国际化视野及社会责任感均有了长足的进步，他们会尝试通过"商业模式甚至处世方式的变革"将父辈的事业做强做大。

在处理政商关系这个敏感话题时，李兆会一代与父辈的风格更是大相径庭。这也给山西钢铁省内重组增添了变数。

"如今的李氏家族企业的主要掌管者都是海归派,他们想法较新且敢想敢干,但有时缺乏一份必要的虚心。"山西省钢铁协会一位官员认为,这种行事风格会让海鑫钢铁在以政府为主导的省内钢铁重组中"吃亏"。

父辈李海仓等山西钢铁前辈有着老"晋商"一样的行事风格,经历创业艰辛,练就了一副八面玲珑而又温和坚韧的脾性,左右逢源却从不越界。而李兆会与政府的交道中却略显冷淡。据山西一位钢铁行业内部人士回忆,2007年山西钢铁行业协会的一次会议上,身为副会长的李兆会并未出现,而是由李文杰代为参加,其他副会长级的钢企负责人们则在主席台上就座;第二年,李文杰亦未出现,而是由海鑫一位副总经理代劳。

山西人属于典型的注重人情世故的北方人。像李兆会这样不主动维护与政府关系的企业家,的确很少见。

当然海鑫有这样的信心和底气,还来自海鑫在资本市场的运作。这与"专注于钢铁"的父辈有很大不同。

笔者获悉,2007年海鑫在资本市场的收益达20亿元,即使在低迷的2008年,其收益亦超10亿元。这使海鑫在面对经济危机时能更加从容应对。

2004年10月,李兆会买下1.6亿股民生银行股权;一个月后,他又收购了华冠科技21.25%的股权。两次股权转让完成之后,实际控制人山西海鑫钢铁成为民生银行第十大股东和华冠科技的第二大股东。在A股市场最为火爆的2007年上半年,李兆会抛售近1亿股民生银行,套现逾10亿元;下半年又先后吃下银华基金21%的股权、山西证券3.84%的股权。这一年中,他更是在二级市场买卖过中国铝业、鲁能泰山等多只股票,手法娴熟而老到。

最近的一次动作则是,2009年3月底,海鑫将所持民生人寿保险3866万股股份转让给浙江万向集团旗下一家资产管理公司,转让后海鑫仍持有民生人寿逾3.7亿股。

李兆会在资本市场的运作无疑是海鑫对抗经济危机的一大保证。

而山西汹涌的重组大潮注定将是李兆会一代面临的全新挑战。当太钢准备通过重组提高产能的同时,海鑫也在为此做准备。

2009年6月18日,海鑫七机七流连铸机投产。连铸机作为钢铁生产中间环节的重型设备,对提高钢产量起着十分重要的作用。海鑫总裁李文杰在投产剪彩仪式上的话更是意味深长:连铸机的投产对于海鑫集团"快速突出重围,谋求更大发展具有极其重要的现实意义。"

但还是那句老话,谋事在人,成事在天。如日照杜双华虽历经努力却始终面临以政府为主导的企业被重组的宿命,海鑫的努力能否打破这个魔咒呢?

城市之光

"太钢不太可能重组海鑫。"闻喜县副县长曹秦峰曾对媒体称,太钢通过并购,几年后规模占山西省七成,海鑫为什么不能以同样手法,争食剩下的三成份额呢?

2009年5月20日,运城市市长王安庞与副市长张建喜及运城其他市领导来海鑫调研时,王安庞亦称,针对企业"流资紧张、新建项目审批、土地征用等问题,有关部门应给予协调解决"、"对市县权属内的费税能缓交则缓交"。

事实上,海鑫每年贡献的财政收入占到闻喜县的六成多。2003年,海鑫钢铁凭借2.03亿元纳税额,坐上了国家税务总局认定的民营企业纳税头把交椅,自此之后,海鑫钢铁一直位列该纳税排行榜前几名。

用当地一句俗话来说,"县政府每天有两顿饭是海鑫管的。"运城及闻喜政府的支持,成为海鑫的后盾。

但这个后盾能否抵抗省政府的重组长矛,目前尚难下定论。

中钢协秘书长单尚华表示:"省内重组是当前行业整合的权宜之策,地方利益一直是重组绊脚石,支持省内重组可以绕过这道坎;从目前来看,政府会支持那些有资源优势、有做大做强潜力的省份进行重组。"

◎李生祥：在转型跨越中打造五台山服务第一品牌

王文君　张树彬　卢庚奋

享誉四海的佛国圣地、清凉世界五台山，为众多的善男信女和旅游爱好者所钟爱。千方百计搞好服务业，提供一流的接待工作，就成为当地宾馆餐饮行业的最高目标。坐落在该景区的五峰宾馆，是由全国劳动模范、全国优秀民营企业家李生祥创办的民营企业，是忻州市唯一一家中国五星级饭店。在全市上下开展"山西大发展，忻州怎么办"思想解放大讨论活动中，五峰宾馆有何新思路、新目标、新举措？记者借在五峰宾馆参加"中国太行山第七届新闻论坛"之机，采访了宾馆当年的创业者，现在的董事长李生祥。

"袁书记、董书记和五台县委李永胜书记的讲话，高屋建瓴、视野广阔、立意深远、催人奋进，不只为全省、全市、全县的发展大局定了位，指了向，对我们一家宾馆来说，同样指明了方向，振奋了精神，为我们上了一堂解放思想、跨越发展的大课。"谈到同样在宾馆内部开展的思想解放大讨论，李生祥显得兴奋而庄重。

谈起五峰的创业史，李生祥感慨地说，五峰的创业史，就是一部在党的富民政策指引下的跨越发展史，是一部"干成别人没有干成的事，成就别人未成就的业绩"的拼搏史、奋斗史。他侃侃而谈：1995年宾馆一开业，我们就提出了一个口号：苦干10年，超云峰、赶友谊，五台山上创一流。当时，我们宾馆床位只有七八十支，固定资产不足300万，又在偏僻的大车沟。社会上的人们包括我们大多数员工抱怀疑态度，觉得我在说大话，做白日梦。为什么？当时五台山有两个最好的酒店，一个是县政府的云峰宾馆，当时是挂牌三星级宾馆；一个是省旅游局的友谊宾馆。当时两个宾馆的管理服务都是一流的，在五台山上是最好的。我横下一条心，带领全体员工一路拼搏，奋力赶超，在2005年，10年头上，实现了当年提出的奋斗目标。接着，我们乘胜前进，提出了"自我超越，永创一流，五台山上永远领先"的第二个奋斗目标，向五星级饭店冲刺。今年5月，我们实现了晋升五星的奋斗目标，成了五台山上以至忻州市首家也是到目前为止唯一一家五星级饭店。

　　下一步怎么办？李生祥深思熟虑，成竹在胸：五峰虽然已经发展成为五台山上宾招系统的旗舰企业，但是，我们十分清楚，发展如逆水行舟，不进则退，进得慢了也是退。五峰宾馆晋升五星，是党和政府对我们民营企业的厚爱，是各级主管部门对我们五台山的偏爱。我们深知，五峰宾馆的硬件设施和软件服务还有进一步提升的空间，面对"再造一个新山西"、"再造'两个忻州'"、"打造'五个五台山'"的新目标、新任务、新蓝图、新机遇，我们只有抓紧时间，高标准、重实效，力争让硬件和软件真正达到或超过国家规定的五星标准，才更有信心以新的姿态接待四海朝台嘉宾。

　　一是突出一个"创"字，破除"到顶了"、"可以缓一口气了"的骄傲自满、故步自封的消极落后思想，进一步转变观念，开阔视野，增强危机感、责任感、使命感和光荣感，增强赶超发展、先行发展，保五星牌子、创五峰品牌的信心和决心，以思想的大解放推动眼界的大开阔、精神的大振奋和管理服务的大提升，朝着新的奋斗目标"自我超越、跨越发展、永创一流、走向世界，打造五台山上第一品牌"的目标拼搏奋进，为"再造面向世界的新五台"作贡献。

　　二是突出一个"严"字，进一步强化管理，优化服务。管理，是企业发展永恒的主题。五峰宾馆要打造五台山第一品牌，靠的是强化管理，严格管理，落实责任，塑造一支高素质的管理队伍和员工队伍。我们有句口号，叫"靠部门经理抓管理，靠全体员工创效益"。第一，进一步建立健全和完善规章制度，按照五星级饭店的标准来抓管理，抓队伍建设，抓对客服务，并进一步强化质检功能，"严"字当头，狠抓落实。第二，继续选派管理人员和业务骨干走出去，到全国知名饭店去考察学习，开阔眼界，拓宽思路。第三，采取"请进来"的办法，继续针对性地聘请酒店经营管理方面的专家学者们来馆进行业务技能培训。我们已决定，今冬明春旅游淡季，将聘请专家学者来进行较长时间的培训。第四，加强日常学习培训。继续购进一些专家学者的系列讲座光碟，组织管理人员和业务技术骨干观看学习，坚持全体员工每周的业务培训。第五，继续开展好"流动红旗"、"优秀服务员"劳动竞赛和业务技能大比武活动。通过这些措施，塑造以诚信、和谐、创新、奉献为核心的企业文化，培养一支作风优良、服务优质、团结友爱、奋发进取的员工队伍。

三是突出一个"爱"字，关爱员工，构建和谐新五峰。只有满意的员工，才会有满意的服务。要想"保五星牌子，创五峰品牌"，首先是要让员工满意，建立一支"热情服务，微笑服务，礼貌服务，规范服务"的能够让客人满意的员工队伍。这是提升服务质量，打造五台山第一品牌的先决条件。李生祥恳挚地说。他要求管理人员继续坚持"视员工为父母，爱员工如子女"、"管理就是服务"的理念，做"有情领导、无情管理者"，实行人性化管理。首先在政治上要关爱员工、严格要求、真情关爱，引导员工积极向上，健康成长，爱岗敬业，积极肯干，热爱劳动，热爱生活，成为优秀员工；要在生活工作上关心员工，为员工营造理想的生活工作环境，让员工住得温馨，吃得开心，工作得舒心，愉快地为中外宾客提供更加优质、超质的服务；开展向我们宾馆活雷锋和礼仪部、文艺部榜样学习的活动，让所有员工都养成文明、礼貌、热情、周到、文雅、友爱的良好习惯，不仅是对客人，员工相互之间也要做到，不仅在宾馆是这样，走到社会上、回到家里，也是这样，无愧于五星级酒店员工的形象与声誉。

四是突出一个"责"字，践行"发展旅游，回报社会"的庄严承诺，为"再造面向世界的新五台"作贡献。李生祥诚恳地说，咱们五峰宾馆在短短十几年的时间里，从无到有，从小到大，从二星三星到四星五星，全靠党的好政策，靠各级党委、政府和社会各界的正确领导和大力支持。五峰宾馆作为一家民营企业，有很多人认为这是我自己的财产。可我不这样认为，我认为，这是党和国家激励你发展的一种手段和机制，实际上你所有财产、你的企业，都是社会的，都是国家的。所以我根据实际情况，不断给社会作些公益事业。这并不是说我有了多少钱，钱多了，花不完了，才做。我觉得不能等自己的钱花不完了才为社会做事，不能等自己的饭吃不完了你才拿出来给社会，那就误事了，那就迟了。企业为社会做事是很正常的，也是应该的。像以往我为新农村建设修桥、修路，捐资助学，为贫困地区盖学校，鼓励新闻媒体推介五台山等等，今后，随着企业的发展壮大，我还要一如既往地继续担当社会责任，做更多的好事、实事。尤其是教育方面，我在教育系统工作过，我对教育很重视，因为它是培养人才的。千秋功业，教育为首；百年大计，人才第一。我要继续为五台山地区教育事业多做一些事。

保五星牌子不难，创五峰品牌就难了。李生祥最后表示：再难，也难不倒我们五峰人。我们一定会乘思想解放大讨论的东风，通过我们全体员工的优质服务，让凡是曾经下榻五峰的客人，离开五峰想五峰、梦五峰，走到一块说五峰、议五峰，住到其他宾馆会感叹"哪里也比不上五台山上的五峰宾馆"。把五峰建设成为"山西第一窗口、国际知名旅游目的地、五台山上的第一品牌、海内外游客来五台山的下榻首选地。"为五台圣地的发展作出我们应有的贡献，为创五峰品牌而不懈努力。

◎李彦宏：搜索时代的领军人

郦晓　艾橙

留学

李彦宏(Robin Li)，1968年11月生于山西阳泉市，父母是工人。

他有三个姐姐和一个妹妹。小时候，姐姐们在院子里支起一块小黑板，李彦宏就坐在前面听讲。据说，这一环境下长大的人，特别善于同女孩相处。有一点得到了确认，这个院子中的5个孩子最后都考上了大学。

小时候，李彦宏有一个与他今天所涉领域相差太远的爱好——戏曲，他曾经被山西阳泉晋剧团录取。不过上中学时，他放弃了。

1987年，李彦宏作为阳泉市的"状元"考入北京大学，专业是较为冷门的信息管理专业。他原本的愿望是学习计算机，但是高二的一次计算机比赛，使他认识到，计算机这个行业太过热门，他希望涉及一个交叉的学科，以实现"比较优势"。不过他很快发现，不是那么一回事，图书情报专业同计算机，至少在课程设置上没有特别的对应关系，并且这是一个就业面较为狭窄的领域。1988年，他的三姐从北大化工系毕业后赴美国留学，于是李彦宏也决定出国。

1991年秋天，李彦宏获得美国纽约州立大学布法罗分校计算机系的录取通知书。学校提供奖学金，李彦宏获得了签证。

搜索

图书情报专业本科加计算机专业硕士，李彦宏很快就注意到搜索中的排序问题：科学论文通过索引被引用次数的多与少来确定一篇论文的好坏，对应页面上的超链就是对页面的引用。

在一次学术会议中，李彦宏认识了Infoseek的威廉-张。威廉-张(William I. Zhang)，来自台湾，早年毕业于哈佛大学数学系，并在加州大学柏克利分院获得计算机专业博士学位，接下来他被提升为公司CTO。基于这个变化，威廉-张需要找到一个人来接替他原来的位置。

无疑，李彦宏就是他要找的人。

在威廉-张的说服下，李彦宏来到硅谷，进入Infoseek，出任主任工程师。作为早期知名的搜索，1995年12月Infoseek与Netscape达成战略合作，Netscape浏览器上的搜索按钮默认Infoseek的搜索服务。李彦宏在Infoseek第二代搜索引擎中加入了超链分析，使Infoseek成为最早采用超链分析的搜索。

创业

1995年，李彦宏在纽约的一次中国留学生聚会上见到了马东敏，她比李彦宏小两岁，毕业于中科大少年班，此时正在美国新泽西州大学生物系攻读博士学位。两人一见钟情，六个月后，他们就结婚了。

1998年6月迪斯尼参股Infoseek，之后推出了GO.com。李彦宏从期权中获益颇多，有一种说法是大概值50多万美元。另一方面，GO.com是作为一个传统媒体进军互联网失败的案例。

2001年1月，迪斯尼关闭了GO.com。李彦宏2月3日凌晨在DoNews贴出了

《我与GO.COM》：从1997年加入Infoseek后，我是很认真的，我曾经立下誓言，只要我在Infoseek一天，就要保住她搜索引擎在业界第一的位置……我想GO.com/Infoseek的很多失误应该不会在百度重演。

李彦宏喜欢写些东西，他在硅谷的居所，恰好离网景很近，这样在业余时间，李彦宏写了《硅谷商战》一书，在国内出版后，颇受欢迎。

李彦宏回忆，最终促使他回国创业的是马东敏的激励。马东敏看来对爱人要求颇高，或者她能够理解李彦宏内心的愿望，强调他是搜索领域的专家，应该有更大的作为。她甚至帮李彦宏找到了创业伙伴徐勇。两人谈得颇为投机，于是决定一道回国，创办一家互联网公司，最初股权的分配是3比1。公司取名"百度"，这源自辛弃疾的《青玉案》：众里寻她千百度，蓦然回首，那人却在，灯火阑珊处。

此时，恰逢互联网热潮时期，加上中国概念，而搜索也是互联网核心技术，半岛基金(Peninsula Capital)和合伙人为搜索背景的Integrity Partners投入了最初的120万美元，获得25%股权。2000年3月，李彦宏和徐勇在北京大学资源楼的406、420房间开始了他们的创业。李彦宏的办公室设在420，刚好可以看到他读书时住的43号楼。

两个月之后，李彦宏找到了他的第一个客户，即硅谷动力。作为创新企业的传统，百度召开了新闻发布会，不过场面冷清，记者困惑于他要做什么。之后百度获得了新浪、搜狐、网易、TOM的订单，拥有中文搜索80%的份额。

此时，网络热潮已经开始迅速衰退，不过在Integrity Partners合伙人Scott Welch的推荐下，2000年9月，李彦宏还是引进了德丰杰与IDG两家风险基金，获得1000万美元的投资。德丰杰占了这轮投资的75%，因此成为最大的单一股东。

不过，之后网络股泡沫破灭效益日益显现，通过服务方式获得营收的前景被看淡。李彦宏决心转型，从事类似Overture的竞价排名模式，Overture恰好是德丰杰投资的。当时董事会有不同的声音，因为这等于同门户，也就是客户在竞争。最终，李彦宏获得了董事会的支持。德丰杰的创始合伙人，负责Overture投资的Timothy C. Draper甚至来到中国给李彦宏介绍Overture的经验。

2001年9月20日，百度推出了自己的网站，之后推出竞价排名服务。此时处于互联网冬天，变化不再为人们所关注。李彦宏选择了一个兼顾利益的方案，百度的竞价排名采取与门户网站"分账"的模式。这使得百度以一种相对平稳的方式转型。

百度版《东京攻略》

2007年3月20日百度日本站上线测试后，该站60%的流量来自中国大陆用户，主要目的是寻找日本明星的照片，当然他们的取向让人不安。于是国内很快无法访问Baidu.jp，当然它仍然可以服务于日本网民，一个意外的好处是，现在数据很可靠。

2008年1月23日，百度宣布，日本公司正式开始运营，百度日文版也正式发布。李彦宏在发布会上说："我已经做好了打持久战的准备。"

李彦宏同时列出了日本公司总裁的四大条件：年轻、亲和、善于学习以及善于决策。强调，总裁一定要是个日本人。"百度日本的第一把手，一定要是个日本人，而且是个有亲和力，能够面对公众的人。"

5月，百度新上任CFO李昕晢首次与国内媒体见面，在谈及日本业务时表示，百度在日本市场是新参加者，虽然排名日本搜索市场前列的是雅虎和Google，但是百度拥有同日本文化相似性、邻近研发支持等优势，在同两者竞争过程中拥有相同的机会。百度日本在2008年的投入在2000万至2500万美元之间。

在虚位以待半年之后，百度日本公司终于迎来了号称"日本搜索第一人"的井上俊一。

责任

2011年10月25日,百度CEO李彦宏在清华管理全球论坛上表示,互联网给人们的生活方式、社会经济带来了深刻而不可逆转的变化。"今天很多被认为是理所当然的事情,在十年前是想都不敢想的。"他强调,"没有人可以阻止网络大潮对中国人生活的影响。"

李彦宏指出,让人们在信息面前平等,是百度所承担的最大的社会责任。"过去几千年中国人获取信息是不平等的,这样的情况一直持续到搜索引擎出现为止。之前,清华的教授很容易到国家图书馆、清华图书馆查很多的资料。新疆一个农民想知道一个东西,得多费劲才能获得?即使他知道国家图书馆有他想要的东西,他也不会来。"

"但是搜索引擎的出现彻底改变了这个点。任何一个人,只要能够上网,你所获得的信息和距离完全没有关系。对于企业家来说,所谓的企业社会责任不仅仅在于创造就业机会、贡献税收或是做公益慈善。""但是,大家一定不要把企业的社会责任简单地理解为慈善,而是说你真正每天在做的事情,你花了最大的精力最大的资源去做的事情,对这个社会到底有多少正面的作用。——大家在信息面前变平等了,是我们最大的一个社会责任。"

◎梁明明：民航强国天下先 儒雅风范新晋商

田　野

作为一名成功当选世界生产力科学院院士的山西籍企业家，他改写了社会大众对山西"煤老板"的认知；

作为一名被推选为中国财富百人协会主席的新晋商，他的儒雅风范塑造着晋商的新形象；

作为一名活跃在财富投资领域的转型跨越先行者，凭借自己敏锐的洞察力和创新精神将开创高科技制造业的新天地。

创富转型之睿智

作为山西实业界的代表人士，梁明明先生凭借自己超前的经营理念和睿智的市场意识，在发展自身事业的道路上始终伴随着一次又一次的产业转型。统揽全局的敏锐思维能力和永不停歇的创新前行脚步，成就了青云集团多元化发展的现代化企业新格局。

2010年7月，新任省委书记袁纯清在全省干部大会上提出了未来山西转型跨越发展的新思路，这让梁明明心中创富转型的激情更加高涨，他敏锐地意识到，一个积蓄已久的梦想就要实现了。

"青云集团要在'山西省创建国家资源型经济转型综合改革试验区'之路上前行、先行！"这是作为一名省政协委员透过山西经济社会发展新的历史时期和政策机遇期吹响的转型号角。2010年11月14日，国务院、中央军委正式对外发布了《关于深化我国低空空域管理改革的意见》，这意味着长久以来受空管体制束缚的低空空域开始逐步开放，60年没变的空域划分和低空空域管制有望正式破冰。梁明明先生经过认真调研和论证，敏锐地进入新的高科技制造业领域，低空空域的主角——轻型直升机必将成为高科技制造业的新宠。经过前期的充分论证和认真调研后，青云集团与德国的Heilipark有限责任公司签署了"超轻型直升飞机"合作协议，正式进军高科技制造业领域。

如今，位于德国Meiningen的合资公司已正式投产，并有部分产品参加2011年4月的德国国际航空展。而总投资逾156亿元人民币、位于中国山西的合资公司——中德青云Heilipark直升飞机科技园项目正在筹建之中，设计制造能力为年产超轻型直升飞机和运动滑翔机5000架。新项目涉及轻型直升机和其他航空器的研发、生产、销售，零部件的生产以及包括航空器检测和维修在内的相关服务、组织飞行员和航空器制造技术人员的培训和资格考核。该项目的落成投产恰逢其时，必将抢占国内低空飞行器制造产业的先机，成为山西转型跨越发展和国家资源型经济转型综合配套改革试验区建设新兴产业的最大亮点。

在主攻向高科技制造业转型发展的同时，梁明明先生根据国家产业发展的相关政策和区域经济发展的战略规划，审时度势，加强资本运作，提升集团公司房地产业向高端化、科技化发展。2010年10月，青云集团有限公司成功收购北京中惠创新国际投资有限公司，控股广东惠州的中国留学生人才发展基地的"中惠创新大厦"项目建设和15平方公里的旅游地产开发项目；同时投资重庆涪陵区面积达10平方公里的旅游地产开发项目。

回首青云集团近几年的发展历程，梁明明先生睿智经营、理念创新，始终将创新超越、创富转型作为公司发展的主题。作为一家在一个县级市起家发展的企业，如今的青云集团已然成功的走上国际化高科技领域发展的集能源开发、高科技制造业、房地产等多产业发展的大型现代化企业集团。

儒雅风范之大成

梁明明先生是一位"儒商",这个待人接物彬彬有礼,热情但不张扬的汉子,总善于把目光投得更高更远。他认为:企业的成功,是管理者的成功。企业决策层和管理队伍素质的高低,是企业兴衰至关重要的一环。对于一个民营企业管理者来说,企业规模的不断扩大,对企业规范化运营和科学化管理提出更高的要求。需要企业的领头人不断学习、充实自己,建立起既符合自己企业发展,又能适应市场竞争的经营机制。所以,梁明明先生从1995年开始参加了陕西经管学院经济管理专业学习,并于1998年毕业。目前,还是美国哈佛大学工商管理专业硕士的自修学员。可以说,企业发展的业绩也是他不断学习、不断实践、不断积累,厚积薄发的结果。

企业的竞争,归根结底是人才的竞争,谁拥有一支高素质的人才队伍,谁就会立于不败之地。基于这一点,在主营家电期间,公司就多次派人前往春兰空调、扬子冰箱等厂家学习、培训、取经,为企业储备了一批高素质的人才;在发展煤炭工业过程中除聘请省地矿院等工程技术人员外,又先后在山西煤炭学院委培了4名学生。2005年,为了实现集团公司的高起点,在太原又高薪聘请了包括原山西财经大学院等校教授在内的各类高级管理人才10名。规范化运作、人才智力的储备、科技含量较高项目的引进和完整配套制度的施行,确保了公司高层决策的贯彻执行,极大地调动和激发了广大员工提高自身素质的积极性和爱岗敬业的工作热情。

卓越的企业家身上都具备一种资本性的力量,这就是包含知识、意志、道德的精神资本。这是他们白手起家获得成功的根本原因。而在规则示范、商业伦理紊乱的今天,商道维新,重塑商人道德,构建商业道德思维体系显得如此必要和迫切。商道即义、利均衡之道,其实质是人们处理社会关系并在社会中谋求远大利益的深层智慧，彰显的是商业伦理精神。

关注他人利益、先人后己、宽容、让利、信用等等，这些商道所倡导的道德行为，一旦结合到事业中去，会产生巨大的社会资源和财富创造力，形成企业家超群的感召力和组织力。梁明明先生之所以能够抓住商机，做成大事，建树起一个个辉煌业绩，更在于他有一个大胸怀，能够做到德配天地，施人恩泽，以人为本，乐善好施，让人们从他创建的事业中分享到利益和快乐，营造出一派社会和谐的大氛围。

厚德助人之情怀

梁明明先生是一位以"德莫高于爱民，行莫厚于乐民"为情怀的实业家。"青云是社会的企业，青云的发展得益于党的好政策，回报社会，让更多的人过上好日子是企业义不容辞的责任。"梁明明先生如是说，如是行。

在介休市，说起青云电器，可谓是无人不晓；在介休市，说起梁明明先生的人品，更是有口皆碑。他致富不忘社会，扶危济困、慷慨助人的古道热肠被广为传颂。梁明明先生始终对养育他的这方水土、这方百姓有着无限的深情与热爱。艰难的经历让他深深地懂得了生活的艰辛，也让他明白了道义的分量。勤劳致富，回报社会，成为支撑他获取财富和使用财富的坚定信念。2011年收购赵家窑煤矿后，梁明明先生的心里便同时装着两项大工程，一是煤矿的发展，二是百姓的富裕。经过一番考察论证，他向赵家窑村捐资445万元，大力实施退耕还林工程，除了500余亩产量较高的耕地保留下来以外，在剩余的4600亩坡地上埋装了六万多米的节水灌溉管网，种上了花椒、核桃、苹果等，形成了特色经济林产业，为年老体弱的村民开辟了力所能及的致富门路。与此同时，他还出资支持年富力强的劳动力购买运输车，优先安排在自己的煤矿上跑运输。此外，梁明明先生还为该村安装变压器、水泵等设备，使全村通路通水，有效地改善了生态环境和公共设施……2001年前，赵家窑村全村人均年收入不足600元，全村仅有的几辆摩托车隐约能让人感受到一丝现代的气息。在梁明明先生的支持、带动下，如今的赵家窑村，人均年收入已经超过8500元。但是梁明明先生的愿望还远未满足，2006年，公司投资1800万元扶贫赵家窑村新农村建设。2008年开始又计划用三年时间，投资12000万元在介休市张兰村附近购买300亩平川地段，为赵家窑村1100多口人建设移民新村，彻底改变农村的生活环境。

"致富思源，富而思进"。十多年间，青云集团尽一己之力，不断回报社会，累计投入15000余万元用于光彩事业和社会公益事业，以一个良好的社会形象和合格的社会责任企业逐渐为社会各界所认可，成为"爱国敬业、乐于奉献"的先进代表。

寒来暑往，洒下心血点点；春华秋实，收获硕果一片。梁明明先生先后被评为：山西省劳动模范、山西省劳动奖章获得者、山西省优秀青年实业家、山西省优秀青年科技奖获得者、山西省跨世纪杰出青年人才、山西省书法家协会常务理事、晋中地区十大杰出青年企业家、世界杰出人才、中国当代创新人才、中国当代创新管理明星企业家等众多荣誉称号。

在世界生产力科学院2010年中国籍新当选院士授予仪式暨世界生产力科学院院士研讨会上，梁明明董事长当选世界生产力科学院院士，成为山西省企业界获此殊荣的第一人。世界生产力科学院是世界生产力科学联盟的组成部分，该联盟是一个在联合国注册的国际组织，其目标是促进国民经济各部门生产力的发展，提高工作效率，改善生活水平。世界生产力科学院现有院士500名，主要由各国政要、著名学者和世界知名企业家组成，其中中国籍院士仅有50多名。

儒雅风范浩商海，平步青云翱苍穹。梁明明先生搏击商海的儒雅风范，青云集团的平步发展，更多的是作为一名实业家精神意志、毅力恒心的成功。面对"十二五"发展规划，站在新的历史起点上，青云集团作为一家即将开启国际高科技制造领域新时代的企业集团，梁明明先生作为活跃在国际财富领域的精英人士，我们期待着梁先生在崭新的领域续写新的辉煌！

◎刘光平："煤老板"华丽转身农场主

吴 瑜

佑农在哪里？王家大院拐个弯……

他曾是身价不菲的"煤老板"。卖掉煤矿后，他没有购房、赌博、炒土豆炒房炒股，或满世界旅游，没有过被大众诟病的"腐朽生活"，而是将目光投向了他喜欢的无公害循环农业。为了考察农业商机，他参加过12次农博会，几乎跑遍了全国的养猪场，为了开办自己的养猪场，他请了各方面的专家，开过5次论证会……一个农场主，将全部资金放到一个命运未卜的养猪业，却心甘情愿、乐在其中。因为，他有一种信念在支撑：他要亲手打造绿色环保产品——他的种猪、他的蔬菜——来换取全世界的信任。不久前，听说晋中灵石县有个农民企业家，卖掉自己的煤矿，把全部资金都投放到养猪上，建起了一座全国规模最大的种猪基地，我们慕名前往，探访这个转型发展、科学发展、绿色发展的典型。车进灵石县。电话里，一个粗犷的声音告诉我们："你们要来我们佑农公司？就在灵石王家大院，你们来了王家大院，拐个弯就到了……"

微生态种猪场："席梦思"上好养猪

几十栋南北朝向的猪舍里，不锈钢进食槽口光亮整洁，或白或黑的猪们正在自动操控饮水机解渴……一幅现代科技养猪图呈现在记者面前。更让人惊讶的是，猪舍里没有一点尘土，全是锯末和玉米秸秆，几千头幸福的猪正躺在席梦思上哼哼着。懂农业的人都知道，养猪是个慢活、忙活、累活，风险大，利润不高。但刘光平为什么要选这个"没什么油水"的项目大做文章呢？他有什么制胜法宝？原来，他在尝试用循环模式建微生态种猪场，向规模养猪、科学养猪、循环经济要效益。他有一种天生的农村情结。他最喜欢看中央七台。"有钱难买我愿意"，他说，投资农业农村，那里有他最愿意做的事业。17岁那年，刘光平成为一名煤矿工人，在汾西矿务局下属的灵石县富家滩煤矿下井采煤。改革开放之后，他初露锋芒，在汾西矿务局历任组长、班长、队长、科长职务。出于对农业农村农民的喜爱，1998年，已经41岁的刘光平进入山西农业大学进修，苦学四年，拿到大专文凭。之后，他下海经商，在灵石县承包煤矿，挖到了自己的第一桶金。有了资本，刘光平决定转型。转向哪里？经过考察，他将全部资本投进了养猪场。2007年10月，刘光平与灵石县静升镇柳树原村签订协议，承包荒山荒沟800亩，期限50年，并在晋中市立项，建设项目为"三万头微生态种猪场"，创办了山西佑农牧业科技有限公司。到2010年11月，第一期工程基本完成，建成微生态发酵床猪舍36栋，职工宿舍、办公用房、饲料加工车间、仓库、消毒室、化验室等厂房30000平方米，总投资近4000万元，打造出目前山西唯一的能够打通国际市场并从国外直接引种，且可改良品种的生态原种猪场。资料显示，随着人民生活水平的不断提高，无公害生态优质肉猪迎来了全面发展的黄金时期。我国肉食品结构中，"猪肉当家"的格局还没有大的改变。国内市场上，优质无公害生态瘦肉型猪肉销售，依然呈现巨大的市场空间。同时，长期困扰我国广大农民养猪低效、猪肉市场长期低迷的态势已成为过去，而规模化、标准化的无公害型生态养猪，注定要在未来市场竞争中立于不败之地。总结几年考察市场的结果，他选择了种猪养殖，当起了"猪倌"，当起了农场主。所不同的是，他采用了一种"猪—有机肥料—无土栽培"的循环模式。2006年，刘光平和他的佑农公司开始试验并使用"微生态发酵床技术"，这种发酵床将粪便消化分解，转化成微生物菌体蛋白，同时在微生物的作用下，使饲料达到完熟程度，也使得粪便达到零排放，节约了粪便清洗的时间。在发酵床内，由于各种微生物的新陈代谢活动产生的热量，使床内温度达到40℃~50℃，圈内温度也能达到18℃~20℃。他们在发酵床内放入锯末和秸秆，经过两年发酵，会形成有机肥料，应用于无土栽培蔬菜和林业发展。仅有机肥一项，目前的售价，每吨就在800元到1000元。采访当天，我们一行数人进入猪场，需要严格的手续，穿上白大褂，经过一排喷洒消毒液的水龙头，洗手消毒后鱼贯而入。提起养猪，人们总会想起脏兮兮的猪圈和臭味难闻、到处乱堆的猪粪。但在佑农公司，我们看到的却是另外一番景象：整洁猪舍，没有一条排污沟，猪舍里外没有污水，闻不到臭味，猪仔、成年猪整洁干净，它们或躺在软绵绵的席梦思上闭目酣睡，或追逐打闹。猪场场长刘启才告诉记者："猪聪明着呢。其实猪和人一样，心情好，吃得好，住得好，环境好，才能不生病，长得快。所谓心宽体胖，同样适用于猪。"刘光平爱讲一句话："民以食为天，猪粮安天下。"从煤炭行业果断转型后的他，正在用自己的行动，实践着一个农场主"安天下"的责任。

以农养牧、以牧促农：发展无土栽培

刘光平说，不懂得可持续绿色环保发展的老板不是好老板。因而，他的眼光并没有停留在养殖上。作为循环模式的一个关键点，今年11月，他建起一座自动化的塑料大棚，进行有机无土栽培示范。自2010年11月起，佑农公司开始实施电动覆盖塑料大棚无土栽培种植项目。他们采用有机天然材料，包括炉渣、河沙、石子、锯末等，经过消毒处理作为基质，肥料选用猪粪、鸡粪、豆粕、芝麻渣等天然材料，通过微生物发酵，取用渗出液浓缩，按照植物不同生长期对各种元素的不同需要量，配制后滴灌。为了确保绿色，他们杜绝使用化学农药，采用生物措施和中药方法控制病虫害。产品做到有机天然无公害标准，从配制栽培基质到产品上市，全过程记录，生产有身份产品。生产过程中不允许吸烟，前后换风口加盖防虫网。同时棚内采用立体栽培模式，充分利用有限空间，空中架设管道，种植叶菜，提高产量和效益。刘光平说，"下一步就是吸引资金，在全国推广这个利国利民的项目。我希望继续得到社会各界，尤其是政府有关部门的大力支持。""在倡导绿色环保，循环发展的今天，农业循环经济已经成为农业可持续发展的重要途径。山西非煤行业只有生态养殖带动绿色种植、带动林业发展，才是唯一正确的选择，也才能从根本上增加农民收入，提高农民的生活水平，"养猪种菜，只是我们的第一步。"

　　几年前，一本有关山西煤老板的出版物风靡一时，加上之前一些不明真相的媒体炮制出许多虚假新闻，对"煤老板"进行恶意炒作，严重损害了山西商人形象，致使山西许多从事煤炭生产和流通的人，无形之中被"大老粗""暴发户""没素质"之类的名词代替。一时间，山西企业家声名狼藉。刘光平说，其实在他周围，有许多挖煤起家的人，"他们的艰苦和辛酸，不是外人可以知晓的。今天我们之所以要变黑为绿，转型发展，就是要给社会一个交代——我们不是一夜暴富的煤老板，我们是山西新一代脚踏实地的企业家、实业家！"为什么选择养猪、种菜、植树，并且固执地认为这是解决"三农"问题的便捷之路？他认为，"山西多丘陵，气候适宜，适合规模化养殖、种植，这就是我们的省情。"他说，搞农场养猪、种菜，这也是我们企业的社会责任。"挣钱之后必须回馈社会，这是我们这一代企业家的使命。"2009年8月，经上级党组织批准，公司成立了党支部。党支部建在私营企业，在山西养猪业这个领域，实现了零的突破。

　　佑农公司不仅实现了"猪—有机肥料—无土栽培"绿色生态循环，同时还为社会闲散劳动力提供了就业机会。佑农公司微生态种猪场采用和推广的发酵床饲养技术，需要大量秸秆和青草，为当地农民增收创造了有利条件。今年公司的收购价是秸秆300元/吨，青草400元/吨，当地农民卖秸秆的收入，已经超过了卖玉米的收入。更为重要的是，佑农公司以特色养殖为依托，让无数农民跟着走上了致富路。截至记者发稿时，佑农公司已经在全省范围内，推广发展了148户使用发酵床饲养技术的微生态猪场，运营情况良好。今年54岁的刘光平，做煤炭生意有了足够的钱生活，但他仍然坚持再度创业，带着身患重病的母亲和妻子走进了大山里，图啥？他说："我的第一桶金来自社会，我要回报社会，我做的这一切，都是为社会作贡献。"刘光平最不愿听的就是"煤老板"这个称呼。他说，许多人对"煤老板"的恶意宣传，让这个行业许多人蒙受了不白之冤。"其实，像我这样转型发展的典型，在我们县里有很多。我更愿意大家叫我农场主，哪怕就叫我是农民企业家！"得知山西成为国家资源型经济转型综合配套改革试验区，也就是"资源转型特区"，刘光平很高兴。他说，单纯靠资源，山西只能是死路一条。"转型，既是未来发展的方向，也是我们今后企业发展的必由之路。"

◎刘葆东：动漫大玩家

张斯夫

对习惯从地下中掘乌金的山西人而言，好像动漫产业天生就不是脚下这片黄土地里的庄稼，而人们有关动漫的记忆，大多沾染着欧美与日本的颜色。即便是国产动漫《喜羊羊与灰太狼》风行之际，对山西而言，动漫产业似乎依旧是可望而不可即的传说。出人意料的是，一时兴起的好玩之举，却让刘葆东撬开了黄土地上方的这片创意天空，并且玩出山西人在创意产业中的精彩与传奇。更为重要的是，这种与众不同的创意产业兴起，意味着山西正在渐渐回归文化本色。

几乎所有见过刘葆东的人都感觉惊讶。曾经有人开玩笑说，这哪里是个艺术家，分明就是"黑社会"嘛。的确，与他所从事的动漫产业相比，刘葆东的形象过于剽悍。事实上，这个"黑社会"生活中却是出奇的安静，甚至有些腼腆。但是，话题一旦进入他所感兴趣的绘画与动漫时，"黑社会"顿时眉飞色舞。刘葆东的名片上有两个头衔：山西舶奥动画制作有限公司董事长与艺术总监。董事长是因为他股份大，艺术总监才是他热爱的本职。从当初7个人的小公司到如今上百人的制作团队，不知不觉中，在中国动漫界中，刘葆东与他的舶奥公司，已成为山西的代名词。但是，用刘葆东的话来说，最初，只是因为好玩。

玩家的前生

在成为动漫玩家之前,刘葆东更像是一个"杂家"。让他盘点一下之前从事过的职业,往往是一阵挠头后,一笑了之。不过,从他的片言只语里,我们大概了解到,这位玩家干过装卸工,开过装修公司,当过美术教师。在创办舶奥公司之前,刘葆东从来没为钱犯过愁。原因很简单,他有一手过人的绘画水平。刘葆东的美术之路来自于连环画,小时候爱看,看完了学画。久而久之,没有任何家传的刘葆东就愣是画出了一番名堂。后来,靠着为出版社画连环画,学生时代的刘葆东就已经腰包鼓鼓了。但是,刘葆东的高考并不那么顺利。连续三年落榜之后,郁闷的刘葆东成了大同铁路分局的一名装卸工。装卸工虽然活累名声也不那么好听,但却有干半天歇半天的好处。闲下来的时间,刘葆东都打发在绘画上,延续画家的梦想。机会总会留给既有能力又有准备的人。1984年,装卸工刘葆东考上鲁迅美术学院雕塑系的消息,轰动了大同铁路分局。大学四年,除了在专业方面更上一层楼外,刘葆东做过最牛的事,就是为上海美术出版社画了50多本连环画。当然,他拿到的稿费也绝对是一个让人眼红的数字。毕业后分配到一家设计院,刘葆东失望地发现这里并不是自己的梦想所在。于是辞职,领着几个哥们儿组建了一支雕塑团队,开始了四处"走穴"的生涯。凭着新颖别致的创意和深厚的艺术底蕴,刘葆东先后在北京、苏州、杭州、上海、福建等地的重要公共场所展示了自己的雕塑及壁画作品,特别是在上海人民路地铁站创作的表现上海三十年发展历程的浮雕长卷,让他至今仍感到有些许得意。当然,城市雕塑在暂时慰藉刘葆东梦想的同时,也为他带来巨额的财富。有了这样的财富积累,当创办动画制作公司需要一千万元时,刘葆东眼皮眨都没眨一下。那一年,是2004年。

玩家的教师情结

在如今的舶奥公司，与他的董事长角色相比，刘葆东更像是一名教师。没有人见过他发火，员工或者产品出了问题，他都是一副循循善诱的形象。但凡有时间，他都会对员工进行基础性的训练与知识灌输。而老师带学生的模式，已经成为舶奥公司由小到大的秘诀。其实，刘葆东的教师情结始于上世纪的1994年。当时，雁北师范学院成立艺术系，慕名找到在当地已经声名鹊起的刘葆东，聘他担任艺术教师。刘葆东二话没说，屁颠屁颠扔下生意，转眼间就成了众人眼中的刘老师。于是，既有来头又有水平的刘老师，很快就成了学生们心目中的偶像人物。后来，刘葆东创业，许多学生都甘愿追随。90年代初期，当大多数人还不知电脑为何物时，刘葆东已经尝试用电脑设计效果图。有一回，当地一家广告公司请刘葆东帮忙，做一个三维特效动画，30秒的片子，现在不过是一盏茶的功夫，刘葆东当时熬了一个月。熬到最后，越来越感觉好玩的刘葆东，在怦然间发现了动画中的无限商机。但动画制作毕竟是一项大投入、见效慢的产业。为能够聚集更多的资金投入其中，刘葆东开办了一家工艺礼品厂，工厂在经历8个月的时间后，就因销路不畅而半路夭折。于是他继续承揽各种雕塑和壁画的工程制作，同时创作连环画。在刘葆东看来，这一切都是为了他的动漫事业打基础。于是，就在2003年"非典"期间，刘葆东师生七人悄悄开始了他们的动画梦。当时，除了热情和执着，能否制作成功，能否面向大众，能否拥有市场，他们都未曾考虑过。刘葆东最真实的想法就是好玩，而学生们呢，不过是乐意陪着老师一起玩而已。刘葆东后来曾经说过，当时想得少，就是想玩玩，玩不出名堂最起码知道动画怎么做，弄出个东西自己看看也成。私下里他对朋友说过，没想到最终动画把他玩进去了。

玩家的动漫历程

2004年,大同舶奥动画制作公司成立。名义上是公司,因为没有任何经济收入,刘葆东只有不断掏腰包维持正常运营。仗着多年的积蓄,这帮玩家们继续维持着他们的欢声笑语。但是,没过多久,他们就发现,烧钱的日子才刚刚开始。一次偶然的机会,刘葆东从网络论坛得知,一位编剧手中有个环保题材的好剧本。当即与对方一拍即合,准备推出一个五分钟的动画短片。最初,刘葆东的想法不过是借机玩一把,真实体验一次动画制作的全过程。但是,不久之后,刘葆东便发现事态完全失控。一个个镜头陆续完成之后,刘葆东感觉单出一个五分钟的短片实在可惜。干脆,做一个单独的片子算了。于是,不断增添内容,折腾了一年零四个月之后,这部时长半小时名为《衡》的动画最终问世。一秒钟的动画需要人工绘制原画少则3张,多则20多张,一分钟也就意味着要成百上千张。最初,因为不知道用什么软件到处打听,却因为涉及商业秘密频吃闭门羹,历经千辛万苦终于得到了专用软件,却因为不会用卡了壳,画出的图要录入到电脑中编辑却因为扫描仪不匹配开始了对普通扫描仪的昼夜攻坚。如此看来,30分钟的动画片制作的确难为了这帮玩家。为了让动画片更具欣赏力,刘葆东跑到北京寻找最好的配乐与作曲。用他的话来说,玩也得玩的讲究。功夫不负有心人,在2005年美国弗吉尼亚州举办的"第四届视觉电影节"上,舶奥公司精心打造的环保题材动画片——《衡》收获了两个奖项——最佳二维动画片奖和最佳动画放映奖。在此之前,国内只有上世纪70年代的《大闹天宫》曾经获此殊荣。《衡》的惊艳亮相,让舶奥公司一战成名。经此一战,承受了巨大经济压力的刘葆东发现,动画原来并不那么好玩。同样经此一战,他已经没有回头路可走。2008年,山西舶奥动画制作有限公司旅游探险系列原创动画片《夺宝小飞侠》、幼教原创动画片《泥巴小精灵——考考曼》、财商教育原创动画片《艾迪的魔手指》先后在国家广电总局成功立项。2009年,山西舶奥动画制作有限公司与CCTV青少年节目中心签订了长达了5年的合约。在合约期限内，山西舶奥动画制作有限公司制作的所有原创动画片都将在其频道播出。同年，原创动画片《晋商》获第十五届上海电视节动画创投项目优秀奖、原创动画片《夺宝小飞侠》获第十五届上海电视节动画创投项目提名奖。2010年，环保宣传片《走进低碳生活》获得第五届中国科教影视"科蕾奖"环境类一等奖。当年年底，山西舶奥动画制作有限公司通过由文化部、财政部、国家税务总局共同审核的国家级"动漫企业"认定。2011年5月，《夺宝小飞侠》在北美地区开始播映……

玩家的山西梦

2006年，因为《衡》的成功，曾经偏安在大同的舶奥公司引起外界关注。在当年"山西首届动漫节"上，刘葆东偶然遇到了太原高新区有关领导，在大力倡导创意产业的领导眼里，刘葆东来得正是时候。与此同时，来自杭州、南京等地的邀请纷至沓来。当时，南京方面开出的条件相当优厚，你要多大面积给多大面积，租金一免就是五年。主创人员给三套住房，额外再提供200万元的搬迁费。相比之下，太原的条件不够诱人。但是，最终刘葆东还是决定留在山西发展本土动漫事业。作为业界公认的"山西动漫第一人"，刘葆东最想做的事，便是把山西厚重的黄土文化融合到动漫中来。就目前来说，已经推出的《夺宝小飞侠》系列惊险情景儿童动画片以及动画连续剧《晋商》，让我们知道，刘葆东的山西梦并不是一句虚言。以《夺宝小飞侠》为例，这是一部以山西著名历史文化旅游景点为题材，展开对山西历史文化追寻与探索的儿童探险动画片。作品以云冈石窟、悬空寺、五台山、壶口瀑布、洪洞大槐树等众多名胜古迹为主线，穿越古代和现代的奇妙时空、塑造出一批勇敢少年探险家的形象。对急需改变形象的山西而言，刘葆东与他的舶奥公司，应该得到我们的掌声。随着外来动画的入侵和强大的竞争力，以及观众与日俱增的欣赏水平，要想在这片土地上占有一席之地，那就只能要求自己比别人做得更加精细。对刘葆东与舶奥来说，接下来的路，他们要做到的，只有更加好玩。

◎刘锁平：南国香蕉园里的山西汉子

闫 杰 吴晋斌

刘锁平，1959年出生，原平市东社镇康村人，从1984年离开家乡到太原做生意，他经历了卖西瓜、卖蜜桔、卖香蕉、种香蕉，暂时落脚在海南。像刘锁平这样在全国各地批发零售香蕉的原平农民有一万多人，这群人有个共同的称呼——同川人，他们几乎都是原平同河流域下的东社、上庄、南白乡镇的农民。

金融危机以来，大量农民工返乡，而他们却因为受冲击较少而格外引人注目——常年跋涉在创业的路上，沐风栉雨，沿着晋商足迹，他们不弃不离。

巨亏38万，就差跳黄浦江

1984年，怀揣500元的刘锁平从当时还是东社乡的康村出发到太原，目标很明确——做水果生意。之前，被他称为老前辈的原平同川人就和位于水西关街的太原市果品批发公司有着业务往来，同川的梨闻名遐迩，曾为帝王贡品，产量很高，但销路却是个问题。"与其在家挨饿，倒不如出去闯闯"，上社村的王铁文老人是同川沟里最早出去做生意的人，也是太原市南城区工商局第一个领外地营业执照的人。出来的时候，镇政府给开了"自产自销的证明"，税也不用缴，卖梨的钱全部是纯收入。消息传到其他村里，村民们也纷纷效仿。但出来的同川人很快就发现梨的季节性很强，一年做不了多久，便开始将目光放在了西瓜、蜜桔、香蕉等水果上。

刘锁平时年25岁，当时他们出外打工也没别的路子可走，没技术、没后门去不了工厂，山西的重工业结构对农民工来说大门始终关闭。当时的他尽管只有500元，胆子大却超乎异常。第一单生意做的是西瓜，从石家庄拉上某部队驻地种的西瓜贩运到上海，信息不准确导致他们这单生意亏了38万元，这在当时无疑是个天文数字。知情的上海人说，有个广东人来我们这里卖香蕉赔了一万元就跳黄浦江了。

二次创业，凭的是信任和信誉

背负着巨额外债的刘锁平，将目光锁定香蕉领域。

以家族为核心，亲戚为纽带，刘锁平和老乡们拉开了第二次集体创业的序幕，成为同川第一代香蕉商人。24年后，已经是北京华盛绿色股份有限公司总经理的刘锁平在自己海南的农田里回忆起当初的选择时，自豪之情溢于言表：当时的香蕉在北方还是稀缺水果，而且一年四季都能有新鲜的香蕉上市，比起梨和苹果等北方普及的水果，利润可观，生意周期跨度长。

资金从一开始就是同川人南下的最大障碍，动辄几万元、甚至几十万元的资金尽管同川人见也没有见过，但他们有他们的解决办法：几个愿意一起南下发运香蕉的人凑在一块组成几大股，议定每股出资几万元，挣钱后按出资比例分配利润。但实际上这几个人也没有这么多钱，而是再找"下线"，回老家找亲戚朋友，将大股分成小股，几百元、几千元都行，挣钱后大股再按出资比例给小股分配利润。这种筹资方法无疑是最原始的，中间既没有协议，也没有合同，凭的只是人与人之间的信任与信誉。这种筹资方式一直延续至今。

1985年，刘锁平他们开始贩卖香蕉，以后的日子他们几乎与香蕉如影相随,在其间,广西蕉、广东蕉、进口蕉都涉足,后来他们常住大连、秦皇岛,与欧洲、美国的土门公司、哥伦比亚的道尔公司、东南亚等地都有贸易往来。

北方汉子掌握"南方技术"

因为是第一代香蕉商人,刘锁平的异地打拼经历注定具有拓荒者的性质。

批发水果是个辛苦营生,每天天不亮就起床,晚上天大黑了才能收摊,刚开始没有钱舍不得雇人。那时候发运全部通过火车,遇上到货,上万箱香蕉从火车上卸下来再装上汽车运回香蕉库,每次都把人累个半死。刘锁平说,香蕉通过火车发运回来,最快需一个星期的时间,由于南北方温差大,生怕香蕉变质还得有人随车押运,随时为香蕉通风、保温。遇上意外列车长时间停靠在荒郊野外,几天吃不上饭喝不上水也是常有的事。

而且那时他们还不掌握香蕉变黄的技术,开始卖的香蕉居然是一根一根的,根本不是现在这样黄黄的成把成把的。在以后的慢慢摸索中,刘锁平他们逐渐掌握了香蕉变黄技术,这在第一代香蕉商中具有划时代意义,先把生蕉运到各个城市,边卖边变黄,以卖定"黄"的数量,基本上没有什么损失。

1989年,刘锁平在太原市漪汾苑买下了房子。这是太原市的第一批商品房,入住这里的人大都是先富起来的太原市人。

香蕉生意扩张到全国

随着刘锁平他们把市场做大,大股合作几年挣钱后就会分家,于是小股变成大股,然后再吸引新的小股。经过无数次类似的裂变,从事香蕉贩运的同川人越来越多,东北市场无法容纳,有一些人就走出去了。

以东北为起点,10000多同川人前赴后继穿梭于大江南北,有的人甚至进入东南亚等地购蕉,形成了规模宏大的营销阵营和网络。现在,北到黑龙江的黑河，南到海南省的三亚，西到新疆的乌鲁木齐，东到中朝边界的丹东，都有同川人在做香蕉生意。像刘锁平华盛公司在北京和沈阳这样的香蕉一级批发集散地在全国少说也有30家。同川人的巧经善营，拉动着我国整个香蕉市场的健康发展。在海南生产商把同川人捧为上宾。

这支朝气蓬勃的晋商大军，虽然没有太多知识，却创造着灿烂的香蕉文化；他们虽然来自农村，却成为城市不可分割的一个阵容；他们虽然没有职权，却主宰着整个香蕉市场的命运。如今，同川人已经占有了我国香蕉市场80％的份额。在一些城市的水果市场上，同川人占有了绝对的控制权。

投资链直通上游产业

市场不断做大，刘锁平决意把投资链条直接延伸到香蕉产业上游。

他选定在海南种香蕉。从2002年至今，种香蕉已有7个年头，从种到卖本来都是南方人的独门技术全部被这位晋北汉子所掌握，刘锁平经营的土地上产量在8000公斤，而海南本地人的地只能产到四五千公斤。

"再赚钱也不能激动，靠天吃饭需要理智。"刘锁平说，刚刚在海南立足，台风就给了他一次深刻的教训，2003年11月18日，海南历史上从来没有的台风摧毁了他在东方市境内2600亩香蕉地的所有地面上的东西，直接损失500万。

无论多苦多难，刘锁平总是"兵来将挡、水来土掩"，尽全力应对。如今的刘锁平和他的华盛公司在北京和沈阳都有批发地点和仓库，在广西南宁有自己的收购点。运送香蕉也全部交给了海口等地的物流公司，他们只要一个电话就能将香蕉送到目的地。

见到刘锁平时，他正开着自己的皮卡前往80公里外的东方市修理电箱，长年吃住在田间地头，无论怎样你都无法把他和总经理的角色联系在一起。他说："老乡们都是这样过来的，一分钱一分钱从香蕉上抠出来太不容易了，其实新晋商们也都一样，积累财富都不容易，没有外界渲染的都是一掷千金那么凶。"

◎刘建嫒：有一种美丽叫创业

吴 瑜

当很多80后还在遭受质疑的时候,当很多富二代还在被社会所诟病的时候,刘建嫒用实际行动证明了80后的能力、80后的存在价值。

2009年10月,刘建嫒开了她的第一家美容院——蒂凡尼。创业之路上,她用短短一年半的时间让自己的美容美发店发展到了八家分店,拥有员工100多人。如此傲人的成绩,让很多人都望尘莫及。

耳濡目染——"我上学的那会就开始'做生意'"

谈到创业,刘建嫒说:"其实我是从上学时就开始自己创业。"刘建嫒的父亲是个商人,或许是受父亲的影响,从小刘建嫒的思维就很敏捷、对事物的观察能力也很强。上学的时候刘建嫒就开始"做生意"。那个时候学校高年级的男生在卖磁带,在销路不畅的情况下,他们找到了刘建嫒,希望借助她发展女生客源。刘建嫒欣然接受,也是从那时开始,刘建嫒走上了她的经商之路。"当时一盘磁带能挣5块钱,一天下来居然能挣五十多块钱,这让我很是惊喜。"说这句话的时候,刘建嫒依然掩饰不住那小小成功之后的欣喜。

毕业之后,她继续着自己的创业之路。从刚开始的干洗店、精品店到后来在小商品市场租了100多平方米开玩具城。就这样生意一点一点做大，经验也一天天积累起来。做生意总是有风险的，这期间她也有过亏损。她说："这很正常，我觉任何东西都是要交学费的。做生意本来就得做最坏的打算，付出200%的努力。"

直到婚后有了宝宝，她的创业之路才有了短暂的中断。

重出江湖——"隔行不隔理"

2009年10月，刘建媛开办了她的第一家美容院，投资100多万，不到一年资金回本，第二家分店，三个月收回本金……仅仅一年半的时间，刘建媛的美容院连同美发店发展到了八家店面。

再次创业，刘建媛选择了美容行业，对此，她做了这样简单的描述："生完小孩之后，那时候特别需要做保养，而且也觉得美容这个行业特别适合女人做。给自己带来美丽的同时也能带给别人美丽，能让身边所有的人都漂亮起来。"

对于"蒂凡尼"品牌的选择，刘建媛经过慎重的考虑："当时我选择蒂凡尼这个品牌的时候就是因为它的寓意——'钻石之王'。这正是我们所追求的服务品质。首先在客户定位上我们是清晰的，我们把客户定位于中高档群体，而服务是以中等的价位提供上等的甚至高档的服务，做到以质取胜。所以，一直以来，我们始终秉承着至诚、至真、至善、至美的服务理念。"刘建媛脸上的坚定，让我们看到了她对品质的执著追求。

作为掌舵人，不管是对美容院的管理还是对员工的管理，刘建媛有自己的一套管理理念，"对于管理，我一直坚持从'头'做起，这个'头'就是我自己。从最基本的规章制度来讲，只要我自己做到了，做好了，我的员工自然而然也会照做。"作为领导者，刘建媛清楚自己企业未来的战略规划是什么，要怎样去运营。因为企业理念得到了员工的认同，所以下属员工的执行力都特别强。为了让企业的经营管理适应企业的发展,刘建媛做过各种各样的培训,美容的、管理的,包括人性方面的课程。虽然辛苦,却获益良多。除此之外,刘建媛还建立了一套很细致的运营模式。"我的美容院从来都不是在开业时等顾客。我们在开业前就已经开始邀约顾客进门,等到开业时,就会积累一定的顾客人气,然后再从开始到售后进行一条龙服务。当所有的程序都完善之后,一切就顺理成章,水到渠成了。"创业,一个因为艰辛、因为茫然让很多人望而却步的事情,刘建媛却说得如此淡然、如此自信。

但是在之前的创业过程中,刘建媛从来没有涉足过美容行业,面对隔行如隔山的困境,她却依然可以从容应对。"隔行不隔理。我以前积累了不少的经验,同时我的耐压力很强,所有的意外在我这里都是正常现象,我觉得所有的问题都是可以克服的。"这样的信念让她扫平了创业路上的艰难。

成功心得——"天时、地利、人和让我有了今天"

面对今天的成功,刘建媛显得很平静。"天时、地利、人和让我有了今天。"她说。目前,相较于广州、上海高档会所形式的美容院,太原美容院的发展还是滞后的。太原也有几家做了十几年的美容院,但是做的都不是很大,也就在那个时候刘建媛进入了美容行业。同时,她改变了在太原市场美容店的小规模经营模式,转向了大型的连锁店发展。

刘建媛的第一家店面选择在了丽华苑。虽然当时丽华苑的入住率已经很高,但还没有真正的门面房,而美容院在这里也多是家居式的。在这里,刘建媛开了她的第一家店面,也是丽华苑第一家正式的门面房美容院。对于为什么把店面建在小区里,刘建媛做了这样的解释:"同样是女人,我要设身处地地为我的顾客着想。如果店面开在闹市区,我的客户就需要开车一个小时去美容院,再花三四个小时做美容,然后再开一个小时的车回来,这样一来,她们一天的时间就都浪费在了美容院。而我把店面放在小区里面就很方便,顾客甚至可以穿着睡衣来做美容。"

客户和员工的认同,给了刘建媛成功的机会。"当时丽华苑的住户是我的目标顾客群体。而我的员工很多都是为我做过美容的人,不管是店长还是美容师,我们都有一种很强烈认同感,基于这种认同感,我们走到了一起。长时间以来,我们互相尊重、互相关爱,我的成功很大程度上依赖于她们。就这样,成就了今天的我。"此时,刘建媛的目光里流露出的是感激。

作为女人——"红玫瑰也要做,白玫瑰也要当"

在拥有了成功事业的同时,刘建媛的家庭也是幸福的。她说这是她最成功的地方。提到丈夫,刘建媛会显示出一种小女人的娇态。她说:"我老公不管从哪方面都非常支持我。这也是我特别幸运和幸福的地方,稀有文物被我挖到了。"提到女儿,她眼里满是柔情。"我希望我的女儿可以自由自在、快快乐乐地成长。"

"都说鱼与熊掌不可兼得,我却幸运地拥有了这些。"刘建媛满脸幸福地讲述着她的家庭哲学。"张爱玲曾写过一本书叫《红玫瑰和白玫瑰》,其实对于女人来说,红玫瑰要做,白玫瑰也要当。不管是生活还是工作都应该不停地去变换自己,让爱人和孩子发现,你有很多不同的优点,这样他们会被你吸引,会更加喜欢你,欣赏你。"

展望未来——"做事情不能光看眼前,更要想到以后的发展"

相较于同龄人,刘建媛说:"虽然大家同属80后,但我比他们又'熟'了点。做事情想得多了点,而且我有冲劲,性格比较开朗,也喜欢创业。"也正是这样的成熟,让她头脑冷静,思维敏捷;正是这样的冲劲,让她做了自己喜欢做的事，也体现着自己的人生价值。她说："其实做自己喜欢做的事情也是一种幸福，而在工作中所散发出来的那种自信，是任何事物都不可取代和无法给予的。"

对于未来，刘建媛成竹在胸。她说："做事情不能光看眼前，更要想到以后的发展。目前太原市美容行业还有很大的潜力，我们要做的就是在短时间内迅速占有市场份额，并在美容行业站稳脚跟，并在市场环境允许的条件下，发展高档会所式的美容院。在养生和抗衰老成为美容重点的现在，我们的发展项目已经在向一线城市看齐。我们计划在2012年让蒂凡尼在太原开到20家门店。同时我们还将在闹市区开设一家拥有超五星级服务的旗舰店。"语气中颇有运筹帷幄的豪气。

◎吕成贵：让黄河在老牛湾熠熠生辉

郭 静

老牛湾，是长城与黄河第一次"握手"的地方。

黄河峡谷、古长城、古堡、古戏台、古庙宇、古村落、古民居，厚重的历史和具有神秘色彩的文化底蕴，使老牛湾成为人们向往的一片风景地。

2011年1月，偏关县万家寨镇老牛湾村成功策划和举办了"老牛湾长城黄河国际徒步大会"，吸引了韩国、德国、保加利亚三个国家300多人来参加这项活动，老牛湾这张旅游名片俨然已走向国际。老牛湾村因其脱胎换骨、日新月异的变化，分别于2009年、2011年被省文明办授予"山西省先进文明村"称号。

2009年，是老牛湾村党支部书记吕成贵上任的第一年。

老牛湾从一个过去人们连酸饭都吃不饱的贫困村，一跃成为户均收入达到5万元的省级文明村，不能不说是一个奇迹。这样的奇迹，与吕成贵这个土生土长的"老牛湾之子"是密切相关的。

老牛湾的"能人"

在老牛湾村民的眼里，吕成贵是一个不折不扣的"能人"。

村民们看着他长大，看着他上中学的时候就因为各种发明创造而屡屡获奖,看着他中学毕业以后不去考大学而去办厂开公司,看着他的专利发明应用于生产生活领域,也看着他凭智慧和头脑搏击商海,生活事业蒸蒸日上。

"能人"吕成贵的确名不虚传,有迹可寻。

吕成贵从小就热爱科学,喜欢动手搞一些科技小发明小创造,而且多次获得全国性的奖项。1982年、1983年,他在偏关一中上学期间,曾先后在"全国中学生航空模型和车辆模型比赛"和"山西省青少年小发明创造、小论文比赛"中获得大奖。他发明的"上下课自动程序控制器"具有广泛的应用价值。也因为痴迷于发明创造,并欲将之推向实际应用,1985年,吕成贵高中毕业后,就迫不及待地开始办厂,在县团委的支持下,成立了"偏关县自动控制设备厂",将自己发明的上下课自动程序控制器投入批量生产。

产品投入市场以后,反响很好。后来,买走他产品的浙江人开始仿造,使他的产品销路受阻。因为没有申请专利,他第一次办起的厂子不得不选择放弃。但经过三年的运营,他还是掘到了人生的第一桶金,为以后的事业发展打下了基础。

之后,他又与朋友合伙办起了"忻州笨鸟应用技术研究所"。在开办民营研究所期间,他搞了七项发明专利,其中"舞台灯光控制仪"荣获"国家星火计划博览会金奖"。他研发的"集团无线报警系统"专利,达到全国技术领先水平。为了让这一成果广泛应用于实际生活,他将这项专利进行了技术转让,先后在忻州、河北、河南、海南建了4个厂来满足用户的需求。

1991年,他在忻州较早地搞起了电脑公司。1996年,他的电脑公司参与到山西省引黄工程项目的建设中。当时,意大利公司外标段所有的无线通讯、有线通讯、闭路电视、高压线路的架设等项目都是由他的电脑公司承办的。

后来,他又将公司开到省城太原,继续在科研领域释放着自己的能量,曾为"神六""神七"上天搞过气象探测无人飞机的研究。

然而,这所有的成就都不是他人生最终的目的。当他自己有了一定经济实力,他心里想着的依然是父老乡亲,是老牛湾那方神秘的土壤。他要开发老牛湾丰富的文化旅游资源，他想让乡亲们都过上富裕、文明的生活。

为此，他投入大量财力和精力去发掘、考证老牛湾的旅游资源。

发掘考证老牛湾的旅游资源

老牛湾村位于黄河入晋第一县的偏关县西北边陲。特殊的自然条件和历史原因，赋予了老牛湾不尽的魅力。这里既有山岳形胜、特异地貌、山水一体交相辉映的水域风光，又有烽火台、古长城、古兵寨、古城堡、古楼、古渡、古栈道、古庙宇、古村落等丰富的旅游资源。这些古老而神秘的资源一直是吕成贵心中的痒，他要去探究、去揭开这一层又一层神秘面纱，为在家乡发展旅游事业做好准备工作。

于是，他组织了专业的考察队伍，自己出资十几万元，开始对偏关长城沿线、黄河沿线的古兵寨、古城堡、古栈道等进行了系统的研究和深层次的文化探访，写出了《偏关县长城现状考察与保护》、《老牛湾风景区开发保护规则》、《万世德人物考古》、《偏关的旅游发展战略》等文章。为后来发展旅游事业搞了第一手资料。

基于这些辛勤的付出，他被吸纳为山西省长城保护协会会员。2010年，又当选为偏关长城保护协会会长。

他亲自背着相机，拿着标尺仪器，自费徒步考察了晋西北所有内外长城。在大量考察研究的基础上，2003年，吕成贵提出了要在老牛湾打造长城文化、黄河文化、边塞文化、农耕和游牧文化"四大文化"品牌的旅游战略目标，然而，限于偏关当时的经济条件和道路交通状况，没有人觉得他的这些想法具有可行性，他的超前意识甚至被一些人笑为神经病。

2006年，他的研究成果引起时任偏关县县委书记郝钧藩和县长任建华的重视。之后，他被推选为忻州市人大代表。

被推选为忻州市人大代表以后，吕成贵积极建言献策，忻州市"十一五旅游发展规划"采纳了他的合理建议,将偏关县划进了忻州市旅游开发范围,并成立了"老牛湾风景区管理局"。

吕成贵在家乡发展旅游事业的愿望,又向前推进了一步。

老牛湾,就是我的事业

2009年,众望所归,乡亲们无一例外地将饱含信任与希望的选票投给了吕成贵。吕成贵挑起偏关县老牛湾村党支部书记的担子,强村富民的家乡情升华为他义不容辞的使命和责任。

如何改写"守着金碗要饭吃"的发展历史,突破老牛湾经济发展瓶颈,成了摆在吕成贵及村党支部面前的现实课题。围绕这个课题,吕成贵带领全村上下反复探讨,几经论证,最终确定了"借风扬帆旅游富民,夯实党建项目强村"的发展思路,并很快付诸实施。

他从建章立制强班子入手,发挥党支部战斗堡垒和党员先锋带头作用,相继完善了党建、新农村建设、廉政、财务、综合治理等村级各项规章制度,凡事做到有章可循。在此基础上,吕成贵以擦亮旅游名片为切入点,按照心中早已绘就的蓝图,在各级各部门的支持下,立即动员群众进行修缮维护古村落,拆除危房、破院墙、土厕所,硬化路面、绿化村庄、亮化街灯、洁化卫生、优化住宅,并多方筹措资金配套旅游市场等服务设施。开发新建"农家乐"旅游餐饮、住宿服务场所等,从卫生、饭菜质量等方面进行统一管理。日益完善旅游服务设施。

2010年,他发挥旅游专业毕业的大学生村官何蛟的专业特长,支持他成立了老牛湾专业旅游合作社、老牛湾经济发展总公司,并动工兴建了专业旅游品和农副产品销售市场,让30余户农户参与进来,抱团闯市场。同时,大力开展烹饪、礼仪培训,提升接待水平,为游客提供周到的吃、住、行、购一条龙优质服务。

他协助村民搞水上娱乐、水产养殖，如今都已初具规模，基本能满足游客的需求。

经济发展越快，矛盾就越多，两年来，吕成贵积极化解村民之间、村民与经济组织之间、村民与游客之间等各类矛盾60多起，实现了农村和谐稳定发展。

2008年，吕成贵被授予忻州市模范共产党员的光荣称号；2010年，老牛湾村党支部被中共忻州市委组织部授予"先进农村党支部"称号，接受"七一"表彰。

吕成贵说，振兴老牛湾，就是我的事业。他要让老牛湾村人人有事做、人人有钱赚；他要加强道路改造，使家家户户车辆都能到达；更重要的是，他要提升老牛湾人保守落后的认识能力，每年有选择地带一部分村民到发达地区学习，不断开阔老牛湾人的视野，调动他们的致富积极性。

为了老牛湾的明天，吕成贵身上充满了无限激情。

◎马累平:"穿越"媒体变身企业家

杨科研

接到采访马累平的通知,我很激动,也很期待。之前看了他曾经发表在报刊上的诸多作品,对他是个怎样的人一直很好奇。从1999年到2008年,他经历了10年的媒体记者生涯,2009年至今,他突然弃文从商,开始了近3年的商业打拼。现在,他已从一名媒体记者,摇身一变成为拥有山西恒鑫圆食品、恒圆枣业、日日高房地产3家公司的企业家。

初见马累平,雷厉风行经商忙

走进山西日日高房地产有限公司的董事长办公室,墙上的书法作品点缀着敞亮的屋子,绛色办公桌及组合柜等办公家具,令整个房间显得更加沉稳大气,桌上地球仪、书籍以及一个刻有"运势如虹"的奔牛木雕工艺品,都在透露着这间屋子主人的文卷气质。

这家公司的董事长就是马累平。

能够见到马累平,经过了3次预约。之前每次都是约好的时间、地点,等记者赶到那里时,他人刚走。随后打来致歉电话,说是有一个非常重要的合同要签,或者有一个非常重要的会议要开等等,言谈之间十分谦逊。第四次,他主动约了我,并非常守时地赶回来。他30多岁的年纪,风风火火,头上还冒着汗。"稍等我一下,处理个小事情,马上过来,"马累平边走边说。

"真不好意思,这几天一直在忙,今天刚刚从临县回来。我呢,从小在农村长大,家里很穷,你想象不到的穷……"坐定以后,没等笔者开口,马累平开始阐述他的曲折经历。

"为了攒钱娶媳妇,我走出吕梁山;但乡情难舍,我最终又回到这里。"

马累平说,他出生在吕梁临县一个穷得不能再穷的家庭。家里兄弟姐妹8个,他排行老七,父母以种地为生。"那时候哪里有皮鞋穿,连布鞋都没有,我们都是赤脚哥。到了十五六岁的时候,还吃不上米饭。"马累平因为家里条件不好,并没有坚持一直上学,经常就帮着家里放羊、放牛,维持生计,因此他的求学之路是间断性的。1994年,马累平从汾阳煤校毕业,那时的他已经18岁。按照村里习俗,是到了该成家娶媳妇的年龄了,可家里这么穷,怎么办?最终,父母下了令,家里没钱给儿子们娶媳妇,所以,希望儿子们各自凭本事,自己攒钱娶媳妇。"为了攒钱娶媳妇,我走出了吕梁山。"1995年,马累平离开家乡去往西安,在那里找事做,并且认识了现在的妻子。后来回到山西,他又贩过旧地毯,卖过洗衣粉,那时的他学着做起了买卖。1999年,他到山西经济日报广告部拉广告,挣提成,开始与媒体结缘。

马累平的学业虽然是断断续续的,但最终他拿到了兰州大学的专科文凭,用他自己的话说,"我十分爱学习,也渴望学到更多的知识。"在工作中他勤奋好学,表现积极,于是一个偶然的机会,他开始由跑广告转行做了驻地特派记者。

他先后在山西经济日报、山西晚报、三晋都市报任职。2004年,他被某报社派驻到吕梁记者站担任负责人,得到这一消息后,他很高兴:终于可以回到家乡，为家乡多做一点事情了！"我的家乡很穷，出来工作以后我一直想竭尽全力地帮扶一下那里贫穷的乡亲们，哪怕是当时只挣那么一点点工资，我也会拿出一部分来为家乡做些力所能及的事。"据了解，每到逢年过节，马累平都会拿出自己的工资，给村里70岁以上的老人发米发面；他还自掏腰包给村里盖了新学校，设立教师奖金，购买办公设备，解决孩子们上学难的问题，并为村里建了个小剧场，改善乡亲们的文化生活；为村里修了公路……截止2007年，他已经在家乡累计投资100多万元。"但我明白，杯水车薪是解决不了多少问题的，所以我现在从事商业，也是为了给家乡带来更多的商机和财富。为了攒钱娶媳妇，我走出吕梁山；但乡情难舍，我最终又回到这里。"

"3个公司就像是我的3个孩子，对他们的投入将是我毕生的心血。"

2009年3月，马累平接管了临县一家企业，成立了恒鑫圆食品有限公司。该公司拥有瑞士进口的先进设备及工艺，可生产年产量5000吨的全脂大豆蛋白粉，是国际较为先进的全脂蛋白粉生产线和大豆制品研发基地。据马累平介绍，该公司已投资1000万。

2010年1月，山西恒圆枣业开发有限公司成立，并建立了临县八堡红枣园区示范基地。马累平说，园区占地105亩，都是由以前的河滩罩起来的地，这样既改善了临县的环境，又合理利用了资源。到目前为止，该项目已投资近4000万元。预计投产后，年产值可达8000万元，创利1500万元，可安排就业人员300多人，直接和间接带动周边6万户枣农年人均增收700元。

今年初，为了支撑大豆和红枣两个产业的资金投入，马累平又成立了日日高房地产有限公司。

3个公司的运营是很费心的。马累平的事业刚刚起步，一切还都处于初级阶段。创业之初，他遇到的最大难题就是资金问题。事业可以做到无限大，但资本始终是有限的，不可能无限扩张。在大豆和红枣产业两个项目上，他先后投资5000万元后，资金开始紧张起来。他说，"如果把企业比喻成一个孩子，那么政府是爹，银行是娘，没有政府和银行的支持，企业想要存活，实在是很难。"在争取政府扶持项目资金的问题上，马累平也感到一些力不从心。"办农产品企业很艰难。做农产品企业，可能人们都认为是你自己想赚钱，而也有相当一部分企业确实是这样。政府的扶持资金散发给了这样的人、这样的企业，就等于浪费。而真正需要资金去为农业、为老百姓服务的人却得不到任何优惠。其实做企业，承担的不仅是自己的一份收入，还应有社会责任在里面。"

在他看来，3个公司确实占用了他大部分的精力，可能不分白天黑夜，需要处理的都是这些事情。他没有固定的工作时间，有时凌晨，有时中午，有时在基地，有时在路上。"3个公司就像是我的3个孩子，对他们的投入将是我毕生的心血。"

与红枣结缘，念红枣生意经

在马累平创建的3个公司中，投资最大的就是恒圆枣业。我国在新疆、河北、河南、山东、山西、甘肃等地都有红枣种植，也有一些地方建起了生产基地及特产品牌，在这种情况下再做红枣产业，马累平的制胜法宝是什么？赢利点又在哪儿？

"红枣产地多，但深加工项目还比较少。除了现有河南一家上市企业外，还没有第二家形成大规模的深加工规模化生产，我们现在要做的就是抢占先机。"

"各地的红枣口感不同，可能新疆的和田枣更为好吃一些，但一个产品的价值并不简单地取决于他的口感，更多的在于它内含的东西，即营养成分。"

"再者，地方上、扶贫办对农企上市有优惠政策，这样更有利于我们做红枣产业，也有利于它的快速发展。"

临县红枣如何赢利？马累平对此有自己的设想，"恒圆枣业，我们的目标是由浅加工逐步改变为深加工，接下来我们还要做儿童食品，扩大消费者市场，让我们的产品进入超市、摆上餐桌，就像小西红柿那样……"

听着马累平描绘红枣产业的宏伟蓝图，我似乎看到，从曾经一名合格的新闻记者，到眼前这位具有商业头脑的企业家，一次成功的事业转型已经完成，他还将带动地方经济的产业转型，向新的目标新的发展前进！

◎宁杨锁：追寻真正的晋商精神

毕淑娟

甘肃兰州，是河西走廊和丝绸之路上一颗璀璨的明珠。

甘肃晋商商业联合会会长、甘肃宁氏实业有限责任公司董事长宁杨锁所走过的人生历程，颇带一些传奇色彩。宁杨锁1942年8月出生于山西省万荣县一个农民家中。贫寒的家境、艰难的生活铸就了他勤俭吃苦、坚韧不拔的品质。1966年从华北工学院化学系毕业后，宁杨锁曾在山西省政府工作多年。1972年，由于工作需要，宁杨锁来到了兰州，先后任职于中科院兰州化学物理研究所、兵器部214研究所、甘肃化工研究院、甘肃省科学研究所等4家科研单位，历任研究所课题组长、研究室主任、研究所所长等职，从事科研工作达23年之久，在化工科研领域有所建树。上世纪八十年代末，宁杨锁下海经商办企业。凭着他的勤奋和对经商的热情，一家拥有自营进出口权的民营科技企业——甘肃宁氏实业有限责任公司诞生了。历经20多年的风风雨雨、曲折起伏，如今他创办的宁氏公司已具有相当实力，成为众多晋商商企中的佼佼者之一。2003年甘肃晋商商业联合会在兰州成立，宁杨锁德高望重，被推选为商会会长至今。

传承晋商精神

在中国传统意义上，公认的有五大强势商帮：即徽商、晋商、浙商、粤商、鲁商。晋商在明清时期达到了顶峰，晋商商会无论在数量上、质量上、气势上在全国都名列前茅，历史上遗留下来的遍布全国许多地方的山西会馆便是最好的例证。晋商的成功并非偶然，而晋商精神也为历代商人所称道和传承。作为晋商精神的新一代传承者，关于晋商成功的原因，宁杨锁有他的精辟论调：先辈晋商曾创造过十分辉煌的业绩，他们成功的基本经验就是"诚信为本，以义制利"。据史料证明，晋商的许多商会都有许多条文规定，凡晋商商会之会员都不能违背诚信之本。他认为，凡办企业做商贸者，赚钱赢利理所当然，古今中外概莫能外。问题在于怎样赚钱赢利，获利之后又怎样对待财富。古语道："君子爱财取之有道"，这个"道"指的是正道。企业家、商人获利要凭能力、凭智慧、凭信誉、凭质量、凭服务、凭技术，这种取财之道就是"以义制利"。如果凭投机、凭诈骗、凭弄虚作假、凭行贿受贿，有时也能获利一时，但终究难成大业。这种"利"就是不义之财。商企界也和社会其他领域一样，也是多行不义必自毙。其次是如何看待财富。企业家获利之后要扩大再生产，把事业做大，可以惠及子孙后代，也可以过好日子，这很合理合法。但不可忘记回报国家、回报社会、回报人民。照章纳税是为国家、为人民作贡献的主要方式，多做善事、多有义举、多办公益也是一种方式。我相信多做善事必有善报。宁杨锁的创业之路并非一帆风顺，曾被骗过7000万元。7000万元，在当时可不是一个小数目。面对如此大的挫折和损失，他并没有放弃。当时从商主要是想做对外贸易，这也是他多年的梦想，但是企业要想迈上国际舞台是需要去尝试的。创业之初就在汕头损失了4000多万元，在昆明损失了2560多万元。首次创业失利，让他更加认识到晋商诚信立业的古训，更加坚定了诚信办企业的理念和原则。宁杨锁创业的同时也在为许多人解决就业问题，下海创业时看到一些企业倒闭，工人们下岗，面临着生存危机。办一个实体公司的念头萌生了。目前，他的实体公司已解决了不少就业岗位。多年来，这些员工无论自己创业，还是走上其他岗位，都有出色的表现。宁杨锁说："有的企业认为下岗职工素质低，不愿意录用，我不同意这种看法，我认为下岗职工做事踏实、责任心强，只要发挥每个员工的潜力，就能创造出更多的财富。"

重振晋商雄风

宁杨锁的人生充满了传奇色彩。曾在政界工作，后又下海经商，创办了宁氏公司；现在又担任甘肃山西商会会长。从政府官员到商界奇才，再到商会会长，一路走来成功地进行了一次次角色的转换。"人生在世，做人为先。不论干什么事，都要先学做人，学做人是一辈子的事。中国传统文化和现代文化中，教人做人、做好人、做仁义之人的教诲很多，但真正做到实属不易。我觉得做个好人要具有"五心"：一是要有爱心，爱国家、爱人民、爱事业、爱大自然，"让世界充满爱"；二是要有孝心，要孝敬父母，孝敬长辈；三是要有良心，不危害社会，不危害他人，要知恩图报，牢守良知；四是要有善心，要宽厚待人，宽容大度，多做善事，多有义举；五是要有诚心，要以诚处世，以诚待人，讲求信誉。有了这几条，就能做好人。至于我个人，做得很不够，特别是现在正处在社会转型时期，道德滑坡信誉缺失严重，对我们时有不良影响。不过我在时时提醒自己，并以此要求自己。人这一生国家培养之情、父母养育之恩、朋友相助之谊是万万不可忘记的，忘记便是失掉良知。"谈到做人，宁杨锁侃侃而谈。随着全球经济化进程的加快，越来越多的企业意识到在激烈的国际市场竞争和复杂多变的外部环境中，要想求得生存和长远发展，就必须站在全局的高度去把握未来。"要以企业家的战略眼光站在现在看未来，用商人的智慧和胆魄经营未来。"只有这样，才能在激烈的市场竞争中立于不败之地。

孔子曰:"吾十有五而志于学,三十而立,四十而不惑,五十而知天命,六十而耳顺,七十而从心所欲,不逾矩。"已年近七十的宁杨锁已经从企业退下来了,全力以赴为商会、为社会做一些公益性事业,企业则交给儿子去做。不管儿子接手企业后发展也好萎缩也罢他认为都是很正常的,这完全取决于领导者的策划能力和经营水平。"人不能刻意地去追求啥,人生没有回头路,人生就在于奋斗。希望所有的晋商、尤其是陇原晋商一定要同心同德,好好做事,共同把晋商文化发扬光大,重振晋商昔日雄风。"

◎乔氏兄妹：风行天下 以信为先

牛艳斌

一声苍劲有力的"走——嘞——"，让所有的观众记住了乔致庸。乔致庸成了"晋商"的代名词，诚信勤勉是乔家的传统，是晋商的传统，更是整个商界应该传承的商业品格。而今，有这样两兄妹，他们祖籍是山西祁县乔家堡，是晋商的嫡系传人，从白手起家发展为今日国内旅游业的领跑者，是新时代的晋商代表之一——山西四季风旅游有限公司掌门人：乔炳节和乔海燕。

"两名员工、一张办公桌、三部电话"掀起涟漪

怎样才能成功呢？中国人喜欢说："有贵人相助"，外国人喜欢说："有天使飞到了肩膀上"，都是说得到了恩赐与协助。乔家兄妹究竟是如何成为旅游界的领跑者呢？兄妹俩相视而笑："我们的愿景是——让高品质快乐旅游通达世界的每一个角落，坚持到底、诚信为天、勇于创新应该是我们达成愿景的快车通道。"

"风，是一种让人捉摸不定，但又赋予人们很大想象空间的东西。风（它）在冬天代表着冷静（沉静），在夏天着代表激情（活力），在春天着代表灿烂（激情），在秋天代表着深沉。'四季风'这个名字和旅游结合在一

起,更给人以无限遐想,时刻体会着一种风的力量!"这就是乔家兄妹创办"四季风"旅行社的初衷。1999年的春天,全国旅游业在国家支持下进入了快速发展期,一股"四季风"悄然来袭。

乔氏兄妹毅然放弃原本优厚的薪资待遇,全身心地投身旅游行业。当时只租用了一间9平方米的办公室,有两名员工、一张办公桌、三部电话。但是士气高涨,效率惊人,仅仅3个月时间,兄妹俩独辟蹊径开发出了颇具旅游价值的芦芽山和绵山两条旅游线路,成为省内首家旅游线路批发商,在当时的太原旅游市场掀起了小小涟漪。

首家推出"包机"旅游 进军业界蓝海

山西素有"表里河山"的美称,意指"外面有河、里面有山"。晋北闻名全国的佛教文化;晋中的大院文化和晋商文化;晋南的根祖文化和黄河文化,贯穿山西,形成了独具魅力的旅游特色。三晋大地的旅游资源如此博大精深,如何让全国、全世界的游客所知晓呢?"四季风"借助这绝好的天时地利,推出了"山西印象"这一品牌,苦心摸索、大胆尝试,寻找出路让"山西印象"这个品牌走出去,让全国、全世界更多的游客走进山西,了解山西,热爱山西。

"敢为天下先"的乔家兄妹,大胆打破传统的经营方式。2002年10月在太原首次尝试包机组团旅游,并逐渐实现了单次对包、黄金周对包等形式上"零"的突破。利用五一、国庆等黄金周时段,顺利圆满地完成了沈阳、青岛、南宁、大连等十余座城市的对包飞机业务。2004年3月至11月,成功的组织了110架次太原到厦门的夏秋航班包机;2005年组织了300余架次南京、杭州航线的包机。这一幕幕壮举不单单让山西的游客飞到了华南、华东畅游,而且把山西众多的自然风景、人文景观介绍到了华南、华东。并且让那里的游客飞到了山西,创造了地接、组团共赢的局面。2006年和2007年,"四季风"开辟了太原——宁夏的包机航线,打通了西部旅游之路。这样大规模的组织包机旅游在山西首屈一指。让"山西印象"真正的走了出去，让外地游客们切身地领略到了山西地域文化的博大精深。

"非典"是危机也是转机

2003年的春天，一切都是欣欣向荣的景象。"四季风"已经提前做好了五一期间包机的计划，迎接五一旅游高峰的到来。然而，"非典"突然爆发，犹如一盆冷水，浇灭了生意红火的旅游业，好多旅行社纷纷关门停业，甚至转行，整个旅游业陷入困境。

在这样低迷的环境中，有人偃旗息鼓，有人摩拳擦掌，大练"内功"。"四季风"并没有迷失方向，而是把这种危机转化为契机。在停止旅游业务的同时，立即将五一包机向旅客所收取的旅游费近百万元全额返还给游客。虽然因"非典"对公司造成了一些损失，但并没有影响到公司前进的步伐。在那个特殊的时期，员工们仍旧照常上下班，一天都没有懈怠，公司制定员工培训计划，学习旅游法规，学习企业管理知识，同时了解我国旅游业发展的最新动态，并对我国旅游业发展中的热点问题展开讨论。乔炳节回忆："以前员工们长年忙于事务、带团，根本没有时间学习，使得企业缺乏后劲，导游水平难以提高。现在这个特殊时期我们不能守株待兔，被'非典'洗牌出局。而是要抓住这个学习和培训的良机。"

"非典"期间，"四季风"在不断学习和努力之下顺利通过了ISO9001国际质量体系认证。"四季风"不仅完成了全年的计划，同比上年业绩增长了近20%。正是由于"四季风"紧紧抓住这次"充电"的机会，不断充实企业发展内涵，增强企业发展后劲，"非典"消灭之际，正是"四季风"腾飞之时。

企业管理至高境界——不管

"我们希望'四季风'能成为员工们的一所学校、一座军营、一个家庭。员工们在这里能感受到学习知识的乐趣,可以培养刚毅的意志,更重要的是让他们感受到家的归属感。"乔炳节认为企业管理的最高境界是不管,所谓不管不是真的放手不去管理,而是要让事物按照自身的必然性自由发展,使其处于符合道的自然状态,不对它横加干涉,不以有为去影响事物的自然进程。正如老子说:"人法地,地法天,天法道,道法自然。"

乔海燕认为:当一个企业从作坊变成一个公司,从一个人变成一个团队,运作模式、思维方式、人生观和价值观都需要达成共识。"四季风"每年都有很多关于业务、技能、团队协作、心理等多方面的培训,全方位的关注每一位员工,将公司的文化精髓和运营模式灌输给每一位员工,让他们真正了解这个"家",并融入这个"家"。

在每一位成员的努力之下,"四季风"这个大家庭连续被山西省消费者协会评为"诚信单位";连年被评为山西省最佳旅行社、太原市先进旅行社;2004年至2007年连续四年被评为太原市十强旅行社第一名;2006年、2008年获得"山西省旅游行业首选品牌单位"的殊荣,成为山西省最具实力的旅游企业之一,接待人数逐年上升,接待量居山西旅游界之首。2007年通过了ICE8000国际信用监督体系评级,成为中国旅游行业参加"诚信"评级认证体系的第一家公司;2007年中国(太原)国际煤炭与能源新产业博览会指定四季风旅游公司为唯一一家国内旅游业务接待单位。旅行社接待人数逐年上升,接待量居山西旅游界之首。

目前,"四季风"在太原市已经拥有近20家门店,并相继在北京、上海、广州、南京、杭州、厦门等17个城市设立分公司及办事机构。注重文化兴企的山西四季风旅游有限公司,已经将"四季风"打造成为全国旅游业界领先的旅游品牌企业。

"信"为先 风行世界每个角落

　　祖籍山西祁县乔家堡的乔家兄妹,拥有晋商的血脉。为人坦诚直爽的乔炳节把"人无信而不立"作为座右铭时刻警醒自己,凭借他仁厚宽容,果敢豪放的性格广交天下朋友。孙子兵法曰:"为将者,智、信、仁、勇、严",这五德在乔炳节身上淋漓尽致地展现出来。20年的职业生涯,从事过勘测、酒店、运输业,让他读懂了生活的艰辛,所以他倍加珍惜现在所拥有的一切;创办经营过广告公司、公关策划公司,旅游公司又铸就了他坚定的信念。凭借他的睿智卓识,战略性的开辟了京津唐经济三角区域旅游业的山西市场,占据了长江三角洲旅游业的山西市场,拓展了珠江三角洲旅游业的山西市场,并挺进大西北,逐步辐射到全国各地。逐步实现了将高品质快乐旅游通达世界每一个角落的梦想。也正因此成就了他胆略大、心胸大、智慧大的人格特质,被旅游界称为"外联专家"。

　　"海燕叫喊着,飞翔着,像黑色的闪电,箭一般地穿过乌云,翅膀掠起波浪的飞沫。"高尔基1901年发表的《海燕》一文中这样描述海燕坚强无畏的精神。乔海燕也正如海燕般翱翔着,叫喊着,像黑色的闪电,箭一般地穿过乌云,在商海中搏击。初次见到乔海燕,她外表内敛而文静,在经过一段时间的交谈后发现,在她文静的外表下拥有一颗不平静的心。"一流的企业家应该是一个不断学习的人",乔海燕坚定地说。2001年她考入了北京大学旅游管理和开发研究生班、2003年毕业后又考取了与北大合作的美国城市大学的工商管理MBA。随着自身修养和境界的不断提升,"四季风"一年四季没有淡季和旺季之分,她所带领的团队也越走越远,而她总是能够带领她的团队在四季风中飞扬。

　　诚信,正是晋商文化的精髓和最宝贵的财富。在"四季风"的员工办公桌上都有一份内训手册:人言就要有信,我们视信誉为生命,诚信正直,成就客户,成功者找方法,失败者找借口……每天早晨公司都要进行早训,一遍遍地大声朗读内训手册上的内容,让员工不断地去记住、了解、体味企业文化的精髓。不仅如此,公司还有完备的厚厚的一大本《四季风旅游文化手册》,里面所写的文章内容几乎包括了现代旅游企业管理制度和企业文化的全部精髓。但是,乔家兄妹从来不用死板的教条,而是潜移默化,形象生动的让每一次员工培训都如同故事会一般生动,耐人寻味。

乔海燕说:一个人需要诚信,一个企业同样需要诚信。"信"字左边是"人",右边是"言",就是说人说话要"言而有信"。

夫风者,天地之气,溥畅而至,不择贵贱高下而加焉。意指风是天地间的一种气流,普遍而畅流无阻地吹送而来,不分贵贱高低吹到每一个人身上。如今"四季风"正风行于全国乃至世界的每一个角落,每时每刻为每一位游客提供高品质快乐的旅游。

◎祁学兵：昔日老兵变身酒行家

王淑梅

初见祁学兵，是在一个寒风凛冽的冬日。带着满身的寒气，我和同伴敲开了天润酒业董事长办公室的门，正在拖地的祁学兵微笑着招呼我们坐下，而他并没有放下手中的拖把。

憨厚随和，自然大度，这就是祁学兵总经理给我们的第一印象。

一进办公室，首先印入眼帘的是墙上的一幅书法作品，"天道酬勤，人道酬善，地道酬诚，商道酬信"。祁总无比自豪地告诉我们说，这是自己耄耋之年的老母亲所书。放眼望去，白酒、红酒等各种酒类，占据了办公室的大半空间。看着这些姿态各异、造型别致的酒瓶，我们便以此为话题开始采访。一谈到酒，祁学兵顿时进入着迷的状态，陶醉在他为之倾心奋斗的事业当中。

钟爱酒文化

自古商人重利，在商言商是千百年来亘古不变的商界信条。而对于祁学兵来说，赚钱是要讲究诀窍的，而他的独门秘籍便是不断传承、挖掘、释放酒文化。

中国的酒文化源远流长，在中国，酒是饭桌上必不可少的饮料之一，它代表的是一种文化，一种精神。

作为酒类产品的代理商、经销商，祁学兵不仅在卖酒，也在传承着中国的酒文化。

2006年8月1日，祁学兵组建了太原市天润酒业有限公司，主要从事山西省内高、中、低端各种主流品种酒的经营与销售。公司经营区域遍布全省各地，经销网络包括商超，AB类酒店，中、小饭店，夜场和各类二批经销商。茅台系列、五粮液系列、汾酒系列、古井贡系列和多种洋酒及干红系列是公司的主营产品。历经近6年的磨砺，"天润"收获了成就，也赢得了客户的称赞和信任。

与酒结缘的祁学兵对酒文化有着独到的见解。

每逢顾客来买酒，他总会询问其具体的需求，根据客户的需求为其选择适合的酒，给顾客讲各种酒的故事。结婚、寿宴用酒讲究的是喜庆，红色包装便很受青睐；丧事用酒，一般会用素雅的包装，以示对逝者的尊敬。在天润酒业的办公室，有一种定制酒特别引人注目，包装盒上写着"某某婚宴专用酒"、"某某老人寿宴专用酒"。

谈到定制酒，祁总笑着说："这其实是我们公司的一种人性化服务。这种酒既给了主家面子，又吸引了周边的潜在客户。而且这种定制酒，客户一般会多买一些，平时送人或招待亲友也很适合。"从祁学兵自信的笑容里，笔者看到了他对客户的真诚，也看到了他作为商人的睿智。

在这个竞争日益激烈的年代，服务完善是客户选择商家的一个重要因素。

"天润"承诺，公司方圆五公里以内免费送货，货到付款。尤其是婚丧嫁娶，办完事当天结账，喝剩的酒一律负责退货。"只要在我这儿买过酒，顾客不仅永远记得，而且往往是回头客。"祁学兵自信地说。

2010年，五粮液集团授权太原市天润酒业为五粮液基金酒的推广中心。五粮液基金酒是"中国治理荒漠化基金会专供酒"，旨在为国家荒漠化治理这一重点项目提供资金支持，每销售一瓶，由五粮液向中国治理荒漠化基金会捐赠5元人民币，每5元钱可以在沙漠上栽一棵树，种一片草，为全球生态平衡作出贡献。当笔者问到这种酒的销量时，祁学兵淡淡一笑，不无遗憾地说："有的人并不买账，不会为了治理荒漠化而买基金酒。"其实，"天润"卖的不仅仅是酒，而且也有一种对社会关爱的责任。

难忘战友情

炮兵出身的祁学兵保留了军人的耿直、真诚和坚强的个性，正是凭着真诚，他闯出了自己的一片天地。

谈起自己从军的经历，祁总轻描淡写地说："我1976年参军，对越自卫反击战中也没打过仗，作为新兵只是去老山前线遛了一圈。"不过，谈起部队，谈起战友情，老祁显得格外激动。"战友之间的感情常人无法了解，那是很亲的一种情谊。我们战友经常联络，感情很好。我这里有一款酒就叫'战友情'。"

看着我们好奇的目光，祁总起身去库房取"战友情"。约莫10分钟左右，他手里拿着一瓶包装简单大方的酒进来。酒盒上一颗醒目的五角星格外引人注目，盒子一侧有"战友情"三个大字，并附有酒业董事长李家华的题诗一首：战友情深深如海，虽然分别不忘怀，回想烽火连天月，奋勇争夺生死牌。万一此役我牺牲，托你照看双老亲，清明时节酒一杯，不忘战友情谊真。朴实无华的诗句中寄托的是浓浓的战友情谊。

作为一名退伍老兵，老祁能比常人更能理解军人对军营那种难以割舍的情怀。他说，其实这种酒就是卖文化，一种军营文化。每到"八一"节，或者战友聚会，这款"战友情"就会成为他们的挚爱，因为它上面写着军人共同的经历和记忆，喝的不仅仅是酒，更是一种情谊。

每一种酒都有一个故事，每一次交易都是心与心的交流。他讲的每一段故事，都代表着一个品牌，一种信任，一种期望。

祁学兵作为一名军人出身的酒业老总，让每一个来"天润"买酒的人都记住了他，这个广闻博学、不同寻常的老板，这个耿直豪爽的新晋商。

辉煌新蓝图

公司成立近6年的时间里，天润立足三晋，面向全国，历经不断的创新与发展，已经成为山西省实力雄厚、资源丰富、具有一定规模的酒类专业营销公司。它拥有专业的营销团队，遍布全省的销售渠道，稳固的机关、团体、企事业单位团购客户及忠实的消费群体，以及良好的口碑和社会声誉。

"重合同、守信用企业"，"最佳诚信供应商"，"酒类质量放心店"，山西省晋商文化交流协会常务理事单位，太原市商务局酒类行业协会理事，太原市杏花岭区酒类行业协会理事，太原市杏花岭区保真维权协会理事……一项项荣誉之中倾注着"当家人"祁学兵的辛苦和努力，真诚和爱心，完美体现了明清以来享誉四海的"诚信经营、以人为本、精诚合作、勇于进取"的晋商精神。

面对曾经的荣誉和现在的成功，祁学兵并不满足，他的目光早已投向更远的商海深处。随着市场竞争的日益激烈，天润酒业也在实行多元化发展。传统的代理销售、团购仍然是公司的主营方向，而传承中国酒文化一直是"天润"的使命和坚持不懈的信念。

面对山西从文化大省向文化强省迈进的大趋势，"天润"已计划与山西省文化产业研究发展中心合作，共同传承山西酒文化，让酒从一种商品变成一种文化，一种精神。

"将来我们要建立自己的网络体系，个人网络，公司网络，销售网络，全力发展电子商务，占领市场最高点是我们经营的大趋势。"祁学兵信心百倍地说。

人常说商场如战场，祁学兵却独出机杼："其实做生意也好做，不要那么奸诈，能赚两分只赚一分。"这就是他的生意经。"地道酬诚，商道酬信"在这位军营出身的文化商人身上得到了极好的体现。诚信，是晋商文化的精髓。作为一个成功的酒产品经销商，中国一名优秀的酒文化的传承者，祁学兵正是这样一个憨厚的晋商，一个懂文化的晋商，一个将酒文化进行到底的晋商。

◎王斌武：用文化建设电器商城

董丽峰

提起健武家电，在寿阳县城乡，老百姓无人不知，无人不晓。

健武电器商城位于家家利超市西厅，地处县城黄金地段，拥交通、商贸之天时地利和城市之人文优势，从2002年12月8日开门迎接第一批顾客的那天起，就表明它已跻身于市场竞争的行列。在商海无定的风浪中，谁能够操持和把握好市场的规律，谁就是大赢家。健武开业之时，人们拭目以待，看这个商业骄子将如何在商海搏击风浪。不久，其特色经营初露端倪，人们为健武独具特色的经营策略连连叫好，健武的风采真正显示了出来。

健武，从承包国有五交化公司的一个门市起步，发展成为当今全县最大的家电零售企业，有其独特的经营之道。在众多成功因素当中，健武企业文化起了首屈一指的作用。而健武掌门人王斌武，则是这个文化企业的灵魂。

王斌武，寿阳平舒乡宋家平人。出身于文化之乡、祁寯藻故里，似乎有一种天生的文化蕴味灵动在他的骨子里。15岁进入剧团，很快就成为导演的好帮手。导演也是他的师傅，导戏悟性很高，但没文化，每上演一部戏，常常是师傅说，王斌武写，然后分角色排练。这样在剧团一干就是13年。王斌武每忆及此，总是感叹不已。这是他人生历程中最重要的起点，排戏时刻苦练功是对他意志的磨炼。搏击商海中每每遇到困难、挫折，他都以坚忍不拔的毅力挺了过来。

1989年，王斌武离开了他熟悉的舞台，调入县五交化公司办公室从事行政管理工作。

1993年，国有商业企业改革的春风吹拂着寿阳大地。春风拂面，王斌武坐不住了。办公室的工作轻闲、安逸，但自己毕竟还年轻，不能干出一番事业，算什么男子汉。于是，毅然决然承包了五交化公司第二门市部，上缴承包费的同时还带了六七名公司的职工。那时的五交化公司和我省其他大型国有零售商业一样，还是沿用传统国有商业企业的管理模式，虽然经历了承包责任制观念的灌输，但实质上还是吃大锅饭，缺乏强有力的约束机制和激励机制。就这样在体制和市场的夹缝中，王斌武开始了他的创业历程。虽然还是在五交化公司，但办公室工作和门市部工作完全不同，搞家电对于他来说是一窍不通。于是，王斌武又拿出当年学戏的韧劲，一面学习家电知识，一面学习销售经验，一面装修门市，一面联系货源。1993年11月20日开业，一个月之后，挣回了他创业的第一桶金：600元。他用这600元买了一辆三轮车。正是这区区600元，小小的三轮车，将他的货物送进了千家万户，将他的门市推向了市场的前沿。王斌武从最初的小五金、电料做起，逐步发展到经营自行车、电视等商品，营业面积也由最初的36平方米扩大到了200多平方米。

然而，王斌武不满足于这种小打小闹的人生。他决心把家电事业做大做强，领导寿阳县家电商业的潮流。他认为："不破不立，只有在体制上创新，才能创出一片新天地"。

于是，王斌武开始了他的二次创业。

这一次，对于已经搞了十几年家电的王斌武来说是驾轻就熟。但是，要想扩规模、上档次，资金成为首要问题。他又千方百计想办法，靠亲戚，托朋友，东挪西借，多少个白天的奔波筹措，多少个夜晚的辗转反侧，个中滋味，他人难晓。

2002年12月，投资200余万元的健武电器商城以崭新的姿态和广大顾客见面了。健武电器商城秉承"靠先知占领市场，凭信誉赢得顾客"的经营理念，采用柜台制管理、店中店模式、开放式经营的方式，给顾客营造了一个优雅舒适的购物环境。600平方米的营业大厅精品荟萃，酷似一座极富魅力的现代电器陈列馆。这种经营方式使健武有了一个灵活高效的运营机制。

"以特色占领市场"是健武谋求自我发展的又一策略。健武所讲的特色，不仅体现在它整体经营格局的确定上，而且体现在总经理王斌武的经营智慧上。十几年在商海摸爬滚打，王斌武已磨炼成了一个现代企业家。他反复强调健武一定要在经营上实施名牌战略，走扩张之路。这种扩张，不是卖场的扩张，而是"虚拟经营面积"的扩张，即利用已经取得的信誉优势，把众多的名优产品吸引到健武来，以产品代理商的身份实现健武无形的扩张。截至目前，TCL牌、东芝、索尼、三星、LG、苏泊尔、步步高、美菱、捷安特、松下、飞利浦等数十个著名品牌的独家代理权已"落户"健武，经营商品达到五大类2000余种，从自行车、洗衣机到彩电、冰箱、电脑等家用电器一应俱全。

注重创新，提炼创业者全心全意为顾客服务的企业文化，是促使健武成就斐然的重要原因。

健武的事业蒸蒸日上，效益日益见好。王斌武说："这一切和我们有一个优秀的团队是分不开的。"在健武商城共有员工30余人，其中大、中专学历的就有10余人，占到员工总数的1/3强，企业整体文化素质很高。在这些职工中，王斌武还特意安排了2名下岗职工，为政府排忧解难。企业内自上而下的团队精神，是健武文化的一个独特优势。

现在，他是县政协委员、工商联执委、个体劳动者协会理事会理事，2008年被评为晋中市"质量诚信百佳人物"。他的企业被评为省、市、县三级"诚信单位"；省、市、县"重合同、守信用"单位；晋中市"信用企业"；晋中市"企业文化建设先进单位"；县统战部、宣传部、工商联文化下乡先进单位。王斌武认为这是政府对他的信任，也是鞭策他前进的动力。作为一名光荣的纳税人，他还把关注的目光投向社会公益事业。2000年、2001年连续两年给高考文、理科状元和班主任发奖；2001年独家赞助举办了全县中、小学生歌手比赛；2002年投资5万元参与组织了文化下乡活动，深入山庄窝铺宣传"三个代表"；2003年举办了"激情广场大家唱"活动活跃了县城居民的文化生活；汶川地震，他首先站出来捐款，带动企业家们纷纷献出爱心；家电下乡活动一开始，他响应国家号召，率先投入，送货上门，安装调试……

健武成功了。健武的企业文化是健武其他战略得以成功实施的土壤和保障。重视企业文化的作用，用良好的企业机制改造传统商业，充分发挥企业文化对形成企业良好机制的促进和保障作用，增强企业的凝聚力和战斗力，这就是王斌武的成功之道。

◎伍永安：领跑我国绿色照明产业

田建平

"引进一个领军人物，集聚一批精英人才，开发一批科研成果，催生一个新兴产业"，海外高层次人才伍永安花落山西，领跑我国绿色照明产业，再次印证了这个屡试不爽的"领军人才效应"。

2010年10月1日18时59分57秒，"嫦娥2号"卫星载着国人的飞天梦想奔向月球，山西乐百利特科技有限公司董事长、留美归国博士伍永安的心也跟着飞向了浩瀚的太空。因为卫星上的高性能太空光源，即出自他之手。

4年来，伍永安率领科研团队成功研制并批量生产出世界最亮的LED光源产品，不仅伴随"嫦娥2号"九天揽月，还点亮了奥运之光、扮靓了世博场馆、装点了人民大会堂，使山西一跃成为我国绿色照明产业的领跑者。

全省人才工作会议前夕，记者赶赴晋城市，走近这位被誉为"中国当代爱迪生"的三晋英才。

寒门才俊，邃密群科

伍永安说，他之所以能解决问题，是因为把别人犯过的错误全都犯过了。

"自古雄才多磨难，从来纨绔少伟男。"伍永安的成长经历印证了这句话。

1968年,伍永安出生于晋城市一个贫困的农民家庭。因为家里穷,每次老师念欠费学生名单时,总有伍永安的名字。贫困挡不住伍永安探知未知世界的强烈兴趣。7岁时,看到家中的闹钟上有一只"小鸡"在不停地啄米。没有人操作,"小鸡"怎么会啄米?伍永安百思不得其解,半夜趁家人熟睡,偷偷地把闹钟拆开来看个究竟。安装的时候,虽然还剩一个零件没有装进去,但是闹钟已滴答作响了。

"穷且益坚,不坠青云之志。"伍永安16岁那年,便成为全国数学和物理竞赛山西赛区的双料"状元",同年被保送到中国科技大学物理系少年班。在校期间,伍永安小试牛刀,研制出了国内最先进的测量微光度仪器"黑度计",把造价从过去的数十万元降至1000多元。

1990年,伍永安负笈万里,就读于美国斯坦福大学应用物理系,从事世界最尖端的半导体激光器研究,获得博士学位。之后,伍永安在美国硅谷创办了高科技公司,从事大功率LED半导体照明的研发与生产。

LED即发光二极管,是一种固态的半导体器件,它可以直接把电转化为光,其光学构造体能将发出的光以几乎无损失的方式集合起来,经狭小的结构投射出去。与传统的白炽灯相比,LED照明具有节能、安全、环保等优点。

正如爱迪生所言,天才就是1%的灵感加99%的汗水。伍永安在美工作异常勤奋,经常独自在实验室里彻夜做实验,累了就在睡袋里躺上两三个小时。美国同事们都称他为"超人",谁有技术上的难题,一问他准能迎刃而解。妻子赵芳揭开了"超人"的秘密:"伍永安曾经跟我说,他之所以能解决问题,是因为把别人犯过的错误全都犯过了。"

欧风美雨16年,伍永安成功开发出世界领先的大功率LED光源,公司年产值达到1500万美元,还有了一对可爱的儿女,过上了富足的生活。正当伍永安的事业风生水起之时,2006年,国家半导体照明办公室主任赴美找到了他,希望把这项技术带回国内去,并承诺列入国家863项目。祖国的深情召唤,国内广阔的市场前景和成本优势,点燃了伍永安二次创业的雄心。

"露从今夜白,月是故乡明。"尽管广州、深圳等发达地区向他伸出了橄榄枝,但伍永安最终仍选择了家乡晋城市。"家乡人诚恳,也舍得花力气,我就回来了。"有一个细节,伍永安至今忆起仍眼含温情,"那些日子,我天天都能接到晋城市对外科技专家局打来的越洋电话。中美之间有十几个小时的时差,为了不影响我休息,他们都是在半夜拨打电话!"

播撒光明,报答春晖

2006年9月,伍永安带着20多项专利回到了魂牵梦萦的故乡,在晋城经济开发区创办了山西乐百利特公司。省里和晋城市有关部门一路绿灯,开发区领导带着他跑工商、税务、海关、土地等手续,协调与驻地单位关系,一样都没让他发过愁。

"利用LED照明在欧美发达国家已经十分普及。我的目标是,让第三代节能灯照亮祖国的大街小巷和千家万户。"伍永安心无旁骛,专注于大功率LED照明科研与产业化。

节能减排已成为全社会的共识,伍永安研发的LED照明适逢其时。2008年,乐百利特公司在晋城市政府上马的"流光溢彩看晋城"工程中一举中标,对市区凤台街进行亮化改造。新灯具投入使用后,凤台街47栋楼的用电量只有改造之前20栋楼用电量的30%!由于拥有自主知识产权,公司产品不但畅销国内市场,还突破贸易壁垒进入欧美市场。

现代高科技令人目眩神迷!在乐百利特公司的灯具展厅里,记者看到了琳琅满目的LED节能灯。以新研发的矿灯为例,虽然只有1瓦,连同电磁不到400克重,亮度却相当于过去12瓦的矿灯,使用时间是过去的3倍。至于家庭照明灯具,比白炽灯省电90%,一般家庭130平方米的住房,每月只需30瓦即可满足照明。

如果国人都使用这种节能灯,将会节省多少能源呢?公司门前的一幅标语给出了答案:乐百利特让中国拥有4座三峡大坝。伍永安解释说:"如果这种节能灯在全国普及,每年可节约照明用电3000亿千瓦时,相当于节省出3座三峡大坝的发电量,加上现在的,正好是4座三峡大坝。"

"LED节能灯还有一大特点,就是使用寿命长,可达10万小时。按一个人平均寿命70年计,一盏灯就够用一辈子。"伍永安发下宏愿,"要让普通灯泡从易耗品变成耐用品。"

功以才兴,业由才广

2006年才成立的乐百利特公司,就在2009年推出了世界最亮的1瓦130流明LED灯,今年5月更将发光效率提高到160流明,打破了由自己保持的世界纪录。企业创新的动力何在?科研开发的能量源自哪里?

"要在科研生产中取胜,关键要打造一支富有创新能力的高素质人才队伍。"伍永安自豪地说,"我有4支研发团队,一支专攻现有产品,一支专攻下一代产品,一支专攻世界纪录,一支掌握前沿动态。"

4支研发团队就像四轮驱动,为企业自主创新提供了不竭动力。俗话说,千军易得,一将难求。这么一支优秀的高科技研发团队,是如何集聚在山西这个内陆省份的呢?

伍永安坦言,创业之初,最困扰他的就是人才问题。许多专业人才不愿意来晋城这个小地方,他费了九牛二虎之力请来几名博士,在晋城没呆几个月就跑了。无奈之下,伍永安只好就地取材自己培养。公司内部成立了乐百利特大学,对每名员工进行技术、销售等方面的培训。每次上技术课,伍永安都亲自上阵。

"毕竟大家刚开始做,伍总就手把手地教我们。"公司总经理助理刘连秋至今心存感激,"那段日子,由于灯光频繁照射,他经常头晕恶心,却从来没有不耐烦过。"

"良剑期乎断，不期乎镆铘。"伍永安在工作实践中锻造出的"能人"，虽然不一定有高学历，却能独当一面。他们既会做实验，也懂生产；既会写论文，还懂销售。短短3年，企业就集聚了一支由山西籍专业人才为中坚力量的技术团队。

2006年乐百利特公司的技术水平虽堪称世界一流，却须仰赖美国的空降技术。令伍永安骄傲的是，这两年推出的全球最亮最节能的LED节能灯，则完全是由国内技术团队研发出来的。如今，该公司在取光、荧光粉、陶瓷和散热4项技术上处于国际领先地位，成为我国光学绿色照明产业的领路先锋。

"招不来人才就培养。培养好人才，就要给人机会、给人平台、给人待遇。"伍永安说，即便是企业自己培养出的人才，一旦成为"千里马"，就要给予"千里马"的待遇。他意味深长地说："人才竞争是一场没有硝烟的战争。谁拥有高素质的人才，谁就能领先一步。从这个意义上讲，在人才上投入多少都不嫌多。"

资本助力，如虎添翼

高科技要转化为生产力、成长为经济转型的动力，必须加快产业化进程。否则，再好的技术也是屠龙之技。

心有多大，舞台就有多大。核心技术在握的伍永安，加快了半导体科研成果产业化进程：在泽州县南村镇占地20余亩的二期工程已破土动工，第三、第四条全自动化生产线投产后，年产值可达10亿元，上交利税1亿元。

急需扩大生产的伍永安很快遇到了资金瓶颈，正当他为此而苦恼时，2010年7月初，省委书记袁纯清在与晋城市民营企业家座谈时提到了伍永安："他有技术，缺少资金，在座的各位就可以抓住机会进行投资，如果一下投入3个亿的资本金，就会有一个脱胎换骨的变化。"

袁书记的话让伍永安兴奋不已，更点燃了资本市场的兴奋点。短短几天，一笔2亿元的资金就投进了乐百利特。

更让伍永安振奋的是，2011年7月18日，孝义市乐百利特LED照明产业基地项目开工建设。这是伍永安和该市一家民营煤企共同投资建设的，总投资50亿元，一期工程年底建成投产，每年可生产200万套照明灯具。

临别之际，伍永安说："我坚信，把乐百利特建设成全球最先进LED产业园区的梦想一定会实现！"

◎许福贵：和他的"少年光宇"

南山布衣

二十年多前，在周围所有人不理解的眼光中，山西临汾一个男青年选择了下海，坚定地走上了创业之路；二十多年后，他已拥有数亿资产，成功地创办了领跑世界半导体照明行业的"光宇公司"。依靠不断的科技创新，他和他的团队拥有了自主知识产权的先进技术，占据了一个行业的国际制高点。

有人这样评价：他们缔造的不仅是一个企业，壮大的不仅是一个产业，更是山西产业升级的一个方向，是转型山西的一个宝贵范例。

8月23日，在临汾，记者见到山西光宇半导体照明有限公司董事长许福贵时，他刚刚从成都考察回来。许福贵说，他的光宇现在在外边是"香饽饽"，欧美的订单很多，省外的单子也远远多于山西。除了这些，外省市一些领导还积极出面，给予很多优惠政策，邀请光宇到他们那儿落户。另外，目前已经有包括汇丰、英特尔在内的60多家"风投"向他抛出绣球，其中力保集团已打算向光宇注入3亿美元。

2009年7月4日，温家宝总理在山西考察调研时，在太原邀请了12位山西企业家代表座谈，许福贵就是其中之一。在发言中，他谈到企业靠科技创新杀出一条血路，牢牢把握拥有自主知识产权的先进技术这一"核武器"的心得。

黑马自内陆"煤都"杀出

一个领航世界绿色节能照明的民营企业，竟然诞生于长期靠挖煤炼焦发展而高度污染的资源性城市——山西省临汾市。

2007年，在上海，山西光宇半导体照明有限公司总工程师参加一个国际性半导体照明高层论坛。不知是无意，还是故意搞噱头，主持人作介绍时说："这位来自临汾，临汾在哪里呢？从上海坐两个小时的飞机先到太原，再坐三个小时的汽车才能到临汾。"

"你看人家就是这样介绍临汾的，好像咱与人家差得太远了！"提起这件事许富贵就有点激动，"可当我们的工程师发表论文时，台下鸦雀无声，完了是经久不息的掌声。之后，外国人就接连不断地来临汾考察光宇了。"

2006年，光宇公司在LED半导体照明领域取得重大突破，其研制的多芯片封装模组性光源单颗1W-100W的LED照明灯具，节能、照度等各项指标完全达到国家道路照明标准，在光效、寿命、散热等方面都处于行业的领先水平。LED大功率路灯的光学性能和实际应用的照度等各项指标完全达标。

今年4月10日，由山西省科技厅、山西省经委组织的光宇大功率LED照明产品鉴定会在太原召开，鉴定会组长由中国照明学会名誉理事长甘子光担任，刘木清、甘子光、俞安琪等参会权威专家一致认为：光宇的大功率LED照明技术水平和封装材料、散热技术为世界先进。

目前，光宇公司的产品已获得30多项国家专利，并承担国家863重大科技攻关项目，其生产的单颗50W LED光源通过国家光电所检测达到104LM/W，处于世界领先地位。

拒绝为"飞利浦"贴牌生产

"产品的好坏不要自吹自擂,要看实际效果,让用户评判。"许福贵告诉记者,光宇公司的产品历来是经过厂方自己反复实验测试后,交由专家学者去测试,再交由用户来说短长。

距临汾市尧庙不远的光宇工业园是2006年下半年迁址启用的,在这里分布着光宇的办公区和车间,还专设有产品实验测试车间。

光宇公司办公楼的南侧有一盏路灯,那是一盏长明灯,"这是盏测试用灯,从2006年8月16日起昼夜长明,到现在光衰率不到5%。我们的1000平方米的报告厅灯具总瓦数不超过800瓦,可光照一点不暗,而且不偏色,不发热。"

据介绍,LED光源相同照明效果比传统光源节能80%以上,比现在国家推广的普通节能灯还要节能50%。LED作为新型高效固体冷光源,用环氧树脂封装,灯体内没有松动的部分,不存在灯丝发光易烧、热沉积、光衰等缺点,使用寿命可达6万到10万小时,比传统光源寿命长10倍以上。

据有关专家测算分析,在一座需要5万盏路灯的中等城市,如果全部使用光宇120W的大功率LED路灯对350W的传统路灯进行节能改造,每年可节约用电2770万度,折算可节省标煤3404吨,减排二氧化碳8510吨。"

许福贵说:"以前煤矿用的巷道灯一个班下不来就会变暗或不亮,需要专人带一筐子灯泡去更换,而我们的LED防爆煤矿巷道灯,可以24小时不间断地使用5年。"

"我们的照明产品已广泛应用于企业车间、道路、隧道、体育场馆、车站等领域,其中照明工程有北京奥运村、蒙牛集团、武钢、重庆大剧院、云南勐远隧道等处;还有北京、太原、大庆、佛山、烟台等城市的道路照明。云南勐远隧道照明工程节约能源达到了67%,武钢一个车间用了我们的产品后,一年光电费就节约100多万元!"

光宇公司技术中心经理康锐英说："飞利浦是世界照明领域的巨头，他们让我们给其贴牌生产，我们拒绝了。反倒是法国一家公司正在贴光宇的牌子生产。现在市场上假冒我们产品的很多，但核心技术他们模仿不了。据说飞利浦投资5亿元攻关，一年多来没有什么进展……"

"拒绝贴牌就是想自己实实在在地做，而不是为了眼前利益而放弃长远。"许福贵说。

下海创业，从贷款3万元开始

1988年，正值煤炭行业处在低迷时期，许福贵成立了吉祥矿灯厂，开始生产铅酸矿灯。1993年，山西光宇电源有限公司瞄准了通信、电信迅猛发展的机遇开始首次转型，在生产矿灯铅酸蓄电池成熟技术工艺的基础上，研制开发了新型节能、技术先进的"全密封蓄电池"。全密封型铅酸蓄电池很快在邮电、通信、电力行业得到广泛应用，产品规格由单一型增加到四个系列25个规格品种，销售收入连年突破千万元大关，公司到1998年就打下了牢固的发展基础。

2000年到2002年，由于铅价飞涨，公司发展低迷。2004年，公司转而研发和制造锂电池、大容量动力锂电池组，很快就处于全国领先地位。

2005年，光宇半导体照明公司成立。次年，LED大功率照明技术获重大突破，光宇遂投资5亿元兴建了占地30万平方米的光宇工业园，引进国际上最先进的大功率LED封装生产线，建成了世界上规模最大、技术含量最高、品质最好的单颗功率达100W的LED光源及LED照明产品生产基地。

光宇公司的产品结构并不复杂，对于参观者他们似乎并不怎么格外提防。这是因为他们的核心技术是发光芯片，仅仅有小火柴盒那么大，更小的像手机卡，这是别人模仿不了的"核武器"。"把拥有自主知识产权的技术优势转化为产业优势，由产业优势转化为产品优势和市场优势。另外，我们每走一步都紧跟着国家发展的步调，这是一个战略问题。"许福贵强调说。

上海CEO空降，家族企业迈步转型

今年1-7月份，山西省出口全面下降，同比下降75.5%，而光宇却逆市上扬，产品出口同比增长了300%。

"如今，我们产品远销40多个国家和地区，美国、法国、德国、日本……越是发达国家，我们的产品出口越多。"光宇公司市场销售部一负责人告诉记者，欧美国家发展到现在，节能意识普遍较强，对高科技产品需求量自然大些。

为使半导体照明形成更大的产业链条，推动LED照明事业的大步发展，光宇公司将引进150条国际上最先进的大功率LED封装生产线，达产达效后可实现年产值100亿元，利税30亿元，功率相当于576万千瓦时的发电能力。

在外界看来，光宇公司的规模已经不小了，但许福贵却认为，"光宇还处于少年时期。"这也许是针对半导体产业而言，抑或是相对许富贵的"科技照亮生活、光宇领航世界"的梦想而言。

许坦言，他对企业现状唯一不满的是人才的短缺。

今年2月，光宇公司从上海一家美国公司挖来一位总经理。虽然许福贵的大女儿许敏仍担任着公司的副总经理，但随着总经理戴峰的一系列改革推进，光宇终于迈出了由家族式企业向现代企业转型的第一步。

"千金难买心甘情愿。"戴锋告诉记者，来光宇初期也有顾虑，抱着试试看的心态来了。"但是许的行业目标非常清晰，而且我们产品的市场前景非常好，也就慢慢打消了顾虑。"

许福贵是一个很自信的人，"在国际上，我们的技术至少还领先一年。这是很难得的一个提前量。一方面，我们将由经营商与分公司继续拓展公用设施照明市场；另一方面，我们将建立代理商制度，借助社会力量打造民用照明的品牌，占领市场高地，做到家喻户晓，让光宇照亮百姓生活。"

在光宇，有一个奇特的现象：光宇所有的车牌全部是"晋LED"打头。这已经成为光宇最显著的标示、最便捷的广告。

融资难？那是因为你的企业不够好

许福贵出身中医之家，中医的全局观念和辩证理念，浸润了他的心性，也熏染了他的企业。不过，已届知天命之年的老许，并不是完全的"中庸之道"。有时酒到微熏，他身上固有的耿气便会凸现出来——

"临汾挖煤开矿、炼铁炼焦的太多了，环境付出的代价太大了！而我的发展不会伤害别人，别人也不要伤害我。我们这样的朝阳产业，哪个领导能不支持！"

"我不追求有多少金钱，钱多少是个够？有什么意义？以前是为自己办公司，发展到现在，光宇就是社会的。企业逐渐做大了，就是在为社会做事。可老有人认为光宇是老许的，好像我老许个人要怎么着似的！

"许多企业一说金融危机，总是报怨融资难。其实，不是融资难，而是企业做得不够好。"

老许有资格说硬话——光宇发展到建工业园区前，没有一分钱的银行贷款，但追在许福贵屁股后要给光宇放贷的银行却不在少数。

许福贵说："光宇在山西，但以前列入试点城市的全国21个城市中没有山西一家。在我们的全力争取下，国家有关部门同意了将临汾列入试点。光宇要先把自己的城市照亮。"

在许福贵的办公室里，偌大的书架上除了企业管理和半导体照明专业书籍外，还有不少美术和人文方面的书籍。他的业余爱好是收藏，从上世纪80年代起至今，他的藏品中光北宋以前玩件有上千件。他的个人艺术馆也正在建设中。

聊起晋商，必谈乔致庸。许福贵说："我感觉我和乔致庸的前半生简直一模一样。他晚年做了糊涂事，我一直在想，等我老了的时候一定不能像他那样。"

◎徐海清：做企业就是做人，不后悔

彭薇霞

　　我办企业到2008年是第八个年头了。我由一个"文化人"一步一步走进"商圈"，这其中的酸、甜、苦、辣尝了个不亦乐乎。得出一个结论：回避不是办法，应对才是上策。因此，我用我的真诚和真实经历写下了后面的文字，为善良的人们提个醒，避免吃亏上当。

　　我深信一点：诚信能够长远，失信等于自杀。做企业就是做人，人做好了，事才可能办成。

——摘自徐海清著作《做企业就是做人》

　　正值国庆节前夕，旅游产业的黄金档期，笔者电话约世外桃源民俗文化村董事长徐海清采访，在电话接通之前心里很没谱，猜想肯定会一杆子支到明年去了。结果，当电话那边的人告诉我"我刚回来，椅子还没有坐热呢，是你过来，还是我过去？"这下我心里更没谱了，说我们约到明天……话音未落，他就抢着说："人在江湖，身不由己，明天我就不知道又去哪了，现在时间还早你过来吧。"采访时间就这样匆匆定了下来。

　　走进他三层的办公室，暗红色的老板桌后面坐着一个身着浅灰色立领男装的清瘦男人，正在和他对面沙发上的人讨论着事情，我坐在另一边的黑色皮质沙发上稍等了片刻。办公室不算大,但文化氛围特浓,从墙上的字画到案头的小雕品,都尽现办公室主人的儒商气味。

"过来了?""嗯。"

简短地打完招呼,我们的采访开始了。

徐海清,一个进入不惑年纪的男人,正在紧锣密鼓的筹划着自己人生的事业,用1500万打造一个叫"世外桃园"的生态养生之家项目,并且想力争成为山西省第一个上市生态农业公司。

谈起徐海清的创业历程,正如他的著作引言中写道,"我由一个'文化人'一步一步走进'商圈',这其中的酸、甜、苦、辣尝了个不亦乐乎。"

生于1964年的徐海清,经历了属于他们那个"满地红"年代的单纯和热情。18岁参加工作,从一个月挣40块钱就计划攒下一半;从种了一年地到另一年的建筑工人;从两年的煤矿工人到下两年的公安;从做劳资、新闻干事到报社总编的他说:"我的人生没有迷过路,我每走一步都清楚地知道自己要做什么,都是为着自己的目标去努力的。"

时间到了1998年,他辞掉工作了16年的大型国有企业,开启了人生的另一条道路——下海。从担任山西中昌集团管委会委员、宣教部长,山西闻汇报业发行广告有限公司副总经理,到山西日报社策划设计部经理,每一次的经历对他来说都是一次历练,都是一次经验的积累,都是他将来盖房子的储备材料。

徐海清说:"我是一个不会轻易作决定的人,但是,我一旦做了决定,也是不会轻易改变的。"经商就是一场赌博,愿赌就要服输,2000年开始初涉"商圈"决定将独自把江湖探个究竟。先后创办了华人智业营销策划公司,野佳纯商贸有限公司以及煤炭贸易。"曾经的华仁智业公司成立五年多,服务过上百家企业,取得过辉煌的业绩,也遭受过惨痛的教训和巨大的损失,但我不认为这是一种失败,在我的人生字典里,只有放弃是唯一的失败。"徐海清冷静地说。

"我一直都在探寻,探寻属于我的事业。直到2006年的时候,我明白了,自己这一生要做的事业是什么,直到'世外桃源'这个已经拥有1500多年品牌历史的项目创立时,我知道了,这就是我一生中坚持要挖的那口井。"

位于太原市尖草坪区马头水乡北石槽村,地处崛崛山脚下的世外桃源民俗文化村,占地2000余亩的新村,形似一艘行进中的大船,结构紧凑,植被优良,空气清爽。层层叠叠的九重山像大自然用心配制的空气过滤器,重重把关,将风沙和灰尘远远的隔于千里之外。村庄脚下汾河二库盈盈绿水,默默滋养着万物生灵。与汾酒同源的地下2000米的深层矿泉水,水质优良,口感甘甜,是世外桃源的一绝。

"世外桃源是一个集生态养生、民俗餐饮、生态观光、瓜果采摘、民俗娱乐、生态种植、生态养殖于一体的综合项目,让生活在喧嚣里的城市人能够真正拥有一个放松休息的去处。"讲到世外桃源,孙海清滔滔不绝,仿佛此时正在做报告,他要将世外桃源完整、全面地呈现给大家,唯恐有些许疏漏。

在原有的天然资源基础上,2万余亩的土地被开发成六个基地:世外桃源民俗文化村、世外桃源水上乐园、世外桃源生态养鸡场、世外桃源飞人俱乐部、世外桃源花果山、世外桃源生态村,可以说在这里除观光旅游、休闲娱乐外,更重要的是您可以将心留下来,让都市的烦琐和热闹远离、忙碌和应酬消失。170孔的石窑,统一的精装修,宽敞、舒适、方便,300多亩的果园,全是野生状态,无任何污染,可任意领取,家家户户房前屋后都有菜园子,青菜萝卜、辣椒茄子,各院因园主的年龄,喜好的不同,蔬菜的种类不同,就连种植方式也不同。

有朋友去过一次后说:"在那里我看见了幸福,老人悠闲的垂钓、聊天,整理自己的小花园,孩子可以玩急速滑道、打球,累了渴了就去山头摘果子吃,在射击场、狩猎场、跑马场,更多的是中青年人的身影,在那里,没有人称呼你的职位,你的姓名,大家都相互叫着那个园子里的。"

谈到家庭和生活,孙海清说:自从做企业,多年来我没有出去旅游过,没有休息过一个星期天,没有开过一个家长会,就连老母亲约我吃顿饭,也要等好几个月甚至半年，太忙了，所以为了弥补这个缺憾，我全身心投入世外桃源，我希望我的母亲住在这里，能多活20年。

在世外桃源民俗文化村，更有特点的是，这里的宣传不是靠广告或者某位明星代言，而是一部正在热拍的电视剧《世外桃源新传》，几十集的电视剧你看不到一张荧幕上熟悉的演员的面孔，全是本色的村民在"演"自己的生活，独辟蹊径，原汁原味。

世外桃源是一个奇迹，它是用企业的行为，把农业商业化。让农民富裕起来，让城市人健康起来。正是这种特例独行的建设社会主义新农村的形式，在开园短短一个月里得到众多领导的青睐，先后有三位省市领导亲临参观视察。

人生没有技巧，只能坚持。"我始终相信'事在人为，天道酬勤'，所以参加工作二十多年来，只要自己认准的事情就从来没有放弃过，我的第一篇新闻稿发表用了3年时间，第一幅漫画发表用了整整8年，第一篇小说用了10年，第一本书用了24年，世外桃源是我人生的第一个事业，我将用我的后半生去经营它。"徐海清表述着自己的决心，同时道出自己多年的从商心得：做企业就是做人——不后悔。

◎薛彩娟：抓住时代机遇，用心筑就成功

牛艳斌

有这样一则故事：

三个工人在砌墙。

有人问："你们在做什么？"

第一个人没好气地说："没看见吗？砌墙！"

第二个人抬头笑了笑，说："我们正在盖一座高楼。"

第三个人边干边哼着小曲，他笑容很灿烂，说："我们正在建设一座新城市。"

十年后……

第一个工人在另一个工地上砌墙。

第二个工人在办公室里画图纸，他成了工程师。

第三个工人在市长办公室里，他成了市长。

起初，我们都在砌墙。然而，不同的人眼界却是千差万别的。正所谓物随心转，境由心造，有的人可能注定一生只能砌墙，而有的人会建筑辉煌的人生大厦。

6年前，她是山西省运城市稷山县公安局的一名文员，一次偶然的机会让她走进了太原这座充满机遇和挑战的都市，不甘平庸的她决定留在这里，打拼出

自己的天地。

6年后，她拥有了自己的房地产代理公司，成功地为汾水湾、学府雅筑、东福嘉苑等10余个项目进行了360度全方位全过程一站式房地产营销，成为山西省内房地产经纪公司中的一支生力军。

她就是薛彩娟，山西荟鑫房地产经纪有限公司的总经理。在短短的一两年时间内便让市场看到了她在地产策划和营销推广的过人之处。在不到三年的时间内，她创立了自己的公司，专业从事房地产策划、销售代理、营销推广、交易代理、开发协作、投资顾问及开发建设管理咨询服务的房地产行业综合服务机构。

80后的薛彩娟，在家乡的工作很稳定，不安于安逸的薛彩娟内心有着一颗火热的心。一次偶然的机会来到太原，第一次看到林立而起的摩天大楼，第一次感受到繁华都市带给她的强烈震撼，原本深埋于心的不甘平庸再次被激起涟漪，她决定留在太原，抓住外界所给予的一切机会，轰轰烈烈大干一场。

没有抓住机会创业，就没有发展和飞跃，更不会有辉煌的成功。三十多年改革开放，正是一批又一批勇敢的创业者带动了国家的空前发展和繁荣。若干年前，没有人会想到李彦宏、潘石屹等人星星之火能够燎原中国，影响世界。正是他们用自己的胆略、远见、智慧与实干，改变了无数人的命运，他们也因此成为社会的中坚和财富的骄子，他们正是薛彩娟心中向往的精英。

初来乍到的薛彩娟，放弃了家乡的工作，在太原应聘做了一家房地产公司的销售人员。"不想当老板的销售员不是好销售员，我既然决定做房地产销售，目标就是要有自己的房地产公司。"薛彩娟忆起6年前的豪言壮语时，仍然信心十足。从踏入房地产行业的那一刻到成立自己的公司，她一步一步从销售做起，踏踏实实逐渐扩大自己的服务项目，从最初的销售，到后来的简单策划，再到目前的全案代理，她越来越喜欢这份工作，越来越爱这个行业，她说"只有爱一个行业，你才能让自己有所作为和收获，才有可能让这个行业为你服务"。

回想初来省城创业的那段艰苦岁月，薛彩娟更多的是感慨，感慨那段岁月所给予她的磨练。自己独自在省城闯荡，受到冷遇和斥责，只能深夜一个人悄然流泪。生性大大咧咧、爱说爱笑的她，哭过后擦干眼角的泪珠，嘴角又会微微翘起，之前所遭受的挫折随即烟消云散，就是这样不服输的个性注定她会成功。

2008年，在金融危机的冲击下房地产市场也出现了波动。薛彩娟力排众议毅然成立山西荟鑫房地产经纪有限公司，刚接手的第一个项目虽然结果没有想象中完美，但她的一句话感动了所有的人，她说："没事，我学到了很多东西，权当交学费了！"

近几年房地产市场风起云涌，可谓是每个中国人最为关注的话题之一。荟鑫地产借此机会在2011年初邀请地产界知名人士齐聚一堂，举办了一场房地产市场高峰论坛，深入探讨了房地产市场的现状和未来发展趋势。同时，还举办了一次10年"创意地产"项目的品鉴会，每位员工都在开阔眼界的同时学到了更多专业知识，提升了自己的能力，从而能更好地为客户提供更高质量的服务，在省城房地产界产生了极大的影响。

谈到自己企业的成长，刚刚还谈笑风生的薛彩娟眉头紧锁，神情庄重："企业发展战略的重点，是企业的竞争能力。企业的竞争能力基于对企业内部要素的客观分析和评价，它取决于行业结构和企业相对的市场地位。企业的核心竞争力，才是企业发展战略的实质核心。"人才的竞争是市场经济条件下公司最主要的竞争力，薛彩娟感同身受："如今激烈的市场竞争中，拥有人才就拥有了很大的胜算。在未来的发展中我们将继续储备人才，壮大公司的核心团队，使得公司的业务能力更上一层楼，为公司的发展打下坚实的基础，为公司的蓬勃壮大做好准备工作。公司重视个人能力，任人唯贤，竭力为每一位贤者创造发展空间。'无为管理，有为行事'，提倡管理'不妄为'，重视员工积极性与创造性。"

专业的服务是决定因素。从业几年来，薛彩娟最大的感受是：作为房地产行业，要想在竞争中立于不败之地，必须比"国标"更多一毫米的精准，比"内行"更深入几倍的分析，量体裁衣，顺应市场，制定科学合理的战略目标。

沟通、诚信、创意、默契，正视自我，尊重他人，相互奋勉，彼此扶持。几年来荟鑫地产公司秉持自己的服务宗旨，无论是公司每次头脑风暴后的点滴聚集或者整体的宏大企划，还是为了满足客户最大利益的每日工作细节，都力求完美、精益求精，从而使自己站在巨人的肩膀上迅速地成长起来。

春草又绿，生机无限。在2012年崭新岁月里，薛彩娟并没有停下自己前进的脚步，她将过往的成功积淀为丰富的经验，继续掌舵领航，劈波斩浪，以将荟鑫地产公司这艘航船驶向更加浩瀚的商海深处为契机，开始了新的事业征程，并将创造更大的辉煌……

◎阎吉英:擎起转型旅游第一旗

刘元亮　薛　克

绵山,又名介山。因2600年前割股啖君的介子推而闻名,由于地处产煤大县,曾是"除了介子推,只剩煤灰堆"的景象。而今,它的声名远播却是因山西三佳集团阎吉英对绵山旅游的巨资开发。山西谈起转型发展,每每以绵山为例,特别是在煤炭业。与山西境遇相似的省市,也纷纷到绵山取经。

阎吉英不仅举起山西煤焦企业转型旅游的第一面旗帜,也成为全国民营企业转型旅游的领跑者。

擎起转型第一旗

时至今日,很多国人仍只知山西是我国煤炭资源第一大省,不知山西还是我国旅游资源大省。山西旅游资源品种齐全而丰富,宗教文化、根祖文化、自然风光无不包罗。过去几十年来,山西一直是我国不可或缺的能源基地,旅游资源未能被充分挖掘。近年,山西省几届政府都提出了转型,但迫于国际国内的经济环境,效果并不明显,没有标志性的转型行业和企业,直到绵山的横空出世。1993年,绵山遭遇一场大火,介休市政府修复山上的云峰寺,缺乏资金。阎吉英拿出20万元,成为唯一的捐助企业家。由此,他与绵山结缘。两年后，当云峰寺的空王殿建成剪彩时，介休市领导对阎吉英说，这才修复一座殿就花了30万，全山开发建设得多少钱？"政府财力有限，你把这座山开发了吧？"出乎所有人意料的是，这句试探性的话得到了阎吉英毫不犹豫的肯定回答。阎吉英为什么这么做？其实早在90年代初，阎吉英曾到德国考察焦炭市场，在德国呆了3个月。期间，他顺便考察了欧洲的旅游业，感到这是永不衰落的朝阳产业，并对此产生了极大兴趣，开始在脑海里酝酿结构调整和转型。1993年，阎吉英到云南考察边贸，到陕西延安、榆林考察石油，一直在寻找突破口。

介休市领导的那番话正中阎吉英下怀。

企业发展的需要与内心的精神诉求，最终促使阎吉英在开发绵山的合同上郑重签上了自己的名字。1997年春，根据介休市"谁投资，谁开发，谁受益"的决策，阎吉英与介休市政府签订了绵山风景区50年的经营合同，实现了所有权与经营权的分离。政府负责监督管理，创造环境，三佳公司拥有独立开发经营绵山50年的一切权利。完全企业化经营、完全市场化运作的旅游企业当时在山西尚属少数，而这正是后来绵山开发成功的根本和基础。

踏遍绵山山和水

常胜将军从不打无准备之战。

阎吉英在签合同前就已经翻史籍、阅文献，上山实地探查。签合同后，他在山上转悠的时间更长了。在开发的头几年时间，他的足迹踏遍了绵山75平方公里的山山水水、人文遗迹。山上的紫外线厉害，阎吉英被晒脱了皮，但他乐此不疲。"那会儿每个月起码有20多天，老板（阎吉英）都在山上转。十几个人，带着两个工作人员专门背饼子和水，一转就是一天。特别是查看《大唐汾州抱腹寺碑》那次，他亲自抓着软梯往上爬。50多岁的人了啊！等我们回想起来，都觉得后怕。"山西三佳新能源集团副总经理杜国华说。

阎吉英查找到的这块碑，不仅是绵山的一宝，也是山西省古碑中的一宝，因为唐代石碑在文物大省山西非常稀少。碑的正面记载着抱腹寺修建传奇，侧面则刻有唐朝著名诗人贺知章的题诗、题记。后来，阎吉英在那里修了一座庙，把碑保护起来。没有去过绵山的人也许会问：绵山有什么，值得亿万富翁的阎吉英吃苦受累？殊不知，绵山自古便是一处胜景。从北宋宰相张商英的《游绵山》中，我们可以一窥绵山美貌："夕阳返照影流东，点点寒鸦过远峰。渔叟罢钓收钓饵，牧童吹笛弄秋风。日光隐隐沉沧海，山色青青耸碧空。万壑千崖增秀丽，往来人在画图中。"

投巨资旧貌换新颜

开发绵山起始很难，上山的路仅有一条羊肠小路，根本不可能用现代交通工具运输，只能用骡马把物资驮上山。这使得运输费用特别高，两桶水送到山上仅运费就高达5元；山下一块砖卖1角，到山上就成了1.2元。为了让村民增加收入，阎吉英决定让当地村民搬运。开工时，正值春天，背阴处的积雪尚未融化，被踩踏后使路面变得泥泞难行。脚下的悬崖更是让人胆战心惊。有一次，一头毛驴滑倒，掉到200多米的山下摔死。虽说这种损失本应由村民自己承担，但阎吉英恰巧路过，马上掏出1600元给了村民，他不想让村民受到损失。投资数亿元修通了山下通往绵山的主要道路后，阎吉英立即着手修复大罗宫等道佛建筑，接着又投资上亿元开发了水涛沟观瀑、栖贤谷探幽及西水沟森林浴等系列生态旅游产品，这些，形成了人文与自然浑然一体的大景观。没有绿，就没有绵山；没有文化，就没有绵山。阎吉英组建了200余人的专业绿化队，挖坑搬土，遍植苗木。如今，这支队伍已在高山峻岭上种植各种树木40余万株，各种花草100万株，使景区的绿化率达到景区的40%以上，空气中负氧离子也高达15000/立方米以上。仅绿化，阎吉英就投了1.7亿元，这才有了今日绵山的满眼绿色。而从1995年到2010年，阎吉英在绵山共投入20亿元。"现在绵山已成为拥有14大游览区、350余个景点、五日游格局的国家AAAA级风景名胜区。20亿元的投资主要是用于修复文化遗址和配套旅游设施、绿化以及一些文化活动。"三佳集团总经理王建镇说。为改变游客"白天看庙、晚上睡觉"的尴尬状况，阎吉英开发了夜间旅游产品，比如在龙头寺、大罗宫、天桥、朱家凹、云峰寺等十个宗教文化景区安装了64组周易夜景灯图，用霓虹灯、探照灯等照明设备勾勒出了绵山独特的优美夜景。他还组建了一支宗教乐团，白天、夜间定期为游客演出，让绵山又多了一道人文景观。这支乐团由150人组成，是目前全国规模最大的宗教乐团，曾多次受邀到香港、澳门、新加坡、马来西亚等地区和国家访问。

在修复的大罗宫里，有一件镇宫之宝：《道德经》百家书木刻。这是由我国81位顶尖的书法家书写的《道德经》，包括赵朴初、启功、董寿平等现已去世的大家。阎吉英花几千万从南非买回上好的木料，把书画家的真迹刻了上去。艺术与载体的顶级结合，造就了一件艺术的精品。阎吉英说，在共产党领导下，我们过上了好日子，我们现在建造的景点，若干年之后就是文物。我们要以精心打造文物的态度建设景点。在精雕细琢景区景点的同时，阎吉英深挖绵山的文化内涵，其中最具影响力的举措，就是举办中国寒食清明文化节。2008年至2010年，绵山风景区已连续举办三届中国寒食清明文化节，绵山，也被专家确认为国家级非物质文化遗产——寒食清明节的发源地。

互为犄角成大势善有善报

绵山也"救过"阎吉英。2002年和2008年底，金融危机两次席卷全球，焦炭出口陷入低潮，入不敷出，是绵山的旅游收入支撑了三佳集团，助其度过了难关。阎吉英相信，今后的绵山将成为公司新的经济增长点，与传统业务互为犄角。

绵山的开发带动了当地的经济增长和就业率的提高，其中仅绵山风景区就解决了4000多人的就业问题。2006年，当地服务业的税收增幅高达76%。绵山开发还拉动了运输、商业、服务业的发展，甚至辐射到周边县市。三期工程完工全面运营后，旅游文化经贸综合产值将达到100亿元；固定资产增值到30亿元，上交利税10亿元，新增就业岗位10000个~15000个。王建镇说："现在绵山每年旅游综合收入近2亿元，但重要的是开发绵山带来了巨大的社会效益。"阎吉英说："即使收不回投资，也给介休人民留下一笔精神财富。"绵山开发是阎吉英领导三佳集团的一次成功转型，也是他从一个农民企业家升华为更具有高尚道德情操和人文精神追求的现代企业家的成功转型。他是山西煤焦企业转型旅游业的发端者、开拓者，也是全国民营企业成功转型旅游业的引导者、示范者。

◎阎继红："六味斋"里的六味人生

张斯夫

山西有个"六味斋"，"六味斋"有个阎继红。

对许多人来说，天长日久的沉淀，"六味斋"早已成为山西人的一种生活方式。而作为这个老字号背后的女人，阎继红也在公众的口口相传中成为一个城市的符号。15年风雨兼程中的相依相伴，阎继红守护的"六味斋"已经不只是一个老字号的传奇，还有一颗中国食品界中难能可贵的良心。

阎继红命中注定与"六味斋"有缘。从一个肉案后的女工开始，她的人生便随着老字号的沉浮，一步步被推向风口浪尖。很难想象，如果没有阎继红的不离不弃，命运多舛的"六味斋"会如何挺过那些沉沦的岁月。同样，如果没有"六味斋"，阎继红的人生又该是什么模样。因此，在山西人的心目中，阎继红与"六味斋"，一个270多年的老字号与这个干练的山西女人，历经20多年岁月的糅合，早已合二为一。

当"六味斋"遇到阎继红

山西晋中被誉为晋商故里，而祁县因为涌现过乔致庸、渠本翘等晋商名门的缘故，更被视为晋商故里的明珠。但是，乔致庸这些前辈大概从未想过，几百年之后，传承他们衣钵的竟是同乡的一个女人。当然，"六味斋"的创始人刘凤翔与刘德山也不会想到，270年后，"六味斋"在山西女人阎继红的手中会浴火重生。清朝乾隆年间，两个落榜秀才在京城开了一家"天福号"熟肉店维持生计。其中一个是山东人刘凤翔，另一个便是山西酱肘花传人刘德山。一天晚上，哥俩边炖肉边喝酒，结果在不胜酒力中酣然入睡。醒来时发现，那锅肉早被煮成肉泥。无奈之下，哥俩只好将肉泥涂在肉上出售，没想到，食客们品尝过后，都大呼鲜香。即便是挑剔异常的慈禧太后，对此也赞叹有加。1938年，为了躲避战乱，当时的"天福号"掌柜盛荣广带着徒弟回到太原，开设了一家熟肉铺。因为在熟肉惯有的酸、甜、苦、辣、咸基本五味上，更突出一个香味儿，故名"六味斋"。作为太原历史上首家专营熟肉制品的店铺，"六味斋"一出世便征服了太原食客。随后，肥而不腻、瘦而不柴、淡而有味、鲜嫩可口的"六味斋"酱肉制品迅速走俏三晋。"杏花村里老白汾，太原城内'六味斋'"，从这句流传甚广的谚语里，不难想象"六味斋"当年的盛景。但是，自"文化大革命"开始，"六味斋"便在连连厄运中沉沦不醒。之后，"六味斋"又陷入一场"合资泥淖"。关于这场风波，阎继红所谈不多，我们只能从片言只语中知道，当时，"六味斋"制品几乎在市面上销声匿迹。

很少有人会想到，阎继红会成为"六味斋"的拯救者。要知道，1985年，当阎继红进入六味斋酱肉店工作时，她的角色只是一个销售生肉的营业员。不过，她的干练与智慧很快就让她从营业员当中脱颖而出。三年过后，她有了一个新角色——六味斋酱肉店门市部主任。因为柳巷店的成绩实在出色，随后几年，阎继红的新角色接踵而来，先后成为六味斋肉制品厂副厂长与酱肉店经理。因为这个缘故，当年"六味斋"与台商合资经营时，阎继红出任总经理。

不过，合资的结果让阎继红大失所望。为了保护奄奄一息的"六味斋"，她与董事会进行了一轮又一轮的抗争。与此同时，她开始引入连锁专卖形式，在省城陆续开设了三家六味斋专卖店，结果，这个模式既让"六味斋"脱离鱼龙混杂的熟肉市场，又维护了老字号百年的品牌和声誉。直到现在，连锁专卖依旧是"六味斋"经济的支柱。

1997年,经过一番车轮大战的谈判,自知无法将"六味斋"带出泥淖的台商选择退出。阎继红夺回了"六味斋"招牌,但也背负了1100万元的债务与隐亏600余万元的"黑洞"。事实上,因长期拖欠工资与职工无岗可上,"六味斋"已经濒临倒闭。其实,如果阎继红愿意,当时,她完全可以接受来自北京、上海等地的橄榄枝,早早过上车房俱全的优越生活。但是,冥冥之中的缘分注定,让她心甘情愿把自身的命运与"六味斋"捆绑在一起。于是,就在她担任新成立的太原六味斋实业有限公司董事长兼总经理时,她每天要做的事就是四处借钱发工资、还债。

用现在人的眼光来看,"六味斋"是一个遍地开花的蓬勃企业,阎继红也早已是山西企业界的骄子人物。世人的眼里,只有胜者为王的笑脸,很少有人能够体会阎继红当初挣扎时期的那缕心酸。庆幸的是,当众多曾经耳熟能详的老字号成为渐行渐远的回忆时,"六味斋"却在日渐灿烂中成为生活中的风景。

"六味斋"里的那颗"良心"

最近两年,随着苏丹红、地沟油、三聚氰胺、瘦肉精、增白剂等事件的陆续曝光,中国食品界进入一个令人瞠目结舌的"事故高发期"。难怪有人开玩笑说,一个中国人倒下之后,直接拍扁就是一张"元素周期表"。阎继红曾经说过,食品安全是一个良心工程,国家制定的质量标准应当作为我们生产检测的最低底线,我们自己的质量标准应该比国际更高、执行得更严格。企业要想做久、做强、做大,必须有良心,才能赢得更多消费者。试想,如果一家企业生产的食品连职工自己都不敢吃,不愿意吃,那么,你回家后就会告诉亲朋好友。这样一来,由亲朋好友再把信息传递给其他人,那么整个社会和广大消费者对这个企业的口碑和产品的认知就会发生改变,时间一长,企业在社会还如何立足?培育市场和培养顾客的忠诚度从何谈起?说实话,在没有倒下之前,中国食品界的一些企业家也有拍着胸脯的铿锵举动。但是，阎继红用她的"良心工程"证明，凤凰涅槃后的"六味斋"绝不是昙花一现。每天，源源不断的食品从六味斋肉制品厂、豆制品厂和主食加工厂输送到各个网点。如何保证这些直接进入消费者口中的食品安全、新鲜，对阎继红来说，任何一个环节的疏忽都会让老字号蒙上阴影。为了从源头上解决肉类食品的质量安全问题，"六味斋"在阳曲县购置土地建起了养猪基地，又在塞上绿洲右玉县建起小杂粮生产基地，逐步建起绿色工程产业链，真正实现绿色产业通道的安全有效运行。吃过"六味斋好助妇"早点的人都会发现，这里的油条与街头的口感截然不同。秘密很简单，这是六味斋公司研发出的不加明矾依旧美味可口的早点。对担忧食用明矾食品容易患上老年痴呆症的食客来说，"六味斋"的真情可见一斑。降低成本、提倡节约是企业发展的需要。但在阎继红的眼里，因为降低成本而影响到产品的品质，是企业大忌。保证消费者身体健康是食品加工的重中之重，优质的产品首先得益于原料的纯正。在生产加工过程中即便为了增加产品的新鲜度和色、香、味、型等特色，也不应添加任何不符合食品卫生和质量要求的材料。市场上的荞面灌肠，大多由几种面合制而成。而"六味斋"的灌肠用的是最纯正的荞面，是右玉生产基地加工出来的绿色食品，利润空间虽然很低，却是"六味斋"尊崇的货真价实。许多人买卤水豆腐有误区，总喜欢挑选有一种特殊味道的豆腐。其实，真正的卤水是无色无味的，用它生产出的豆腐只有豆香味。"六味斋"生产豆腐用的卤片是专门从天津购买来的，仅这一种辅料，就要比一般厂家贵出许多。"六味斋"尽量不做或少做熏制、油炸等不利于人们健康的食品，"好助妇"快餐店炸油条使用的食油不允许反复使用……一个个细节之处，履行着的是阎继红与"六味斋"的良心诺言。

"六味斋"的"质量"与"人格"

按照现在的市值，"六味斋"这个品牌的估价在10亿元以上。从单一的产品口碑到塑造起"六味斋"企业品牌，从前店后厂式的小作坊，发展成为拥有国家级四大精品荣誉品牌（中华老字号、中国驰名商标、农业产业化国家级重点龙头企业、国家级非物质文化遗产）的全省最大的肉制品和豆制品加工企业，"六味斋"的品牌背后，既有前赴后继创业者们的心血，更有阎继红对质量的不懈追求。1999年初，阎继红在市场调查中发现，顾客们在对"六味斋"产品肯定的同时也颇有微词：有的产品味道一天和一天不太一样，用行话讲是"味道稳定问题"。其实这个问题"六味斋"早想彻底解决，无奈传承百年的传统工艺，基本是靠经验，手工操作生产，手的轻重高低都可能使产品出现细微的差异。一旦遇到"高手"，人家就会明察秋毫。为此，"六味斋"请来北京专家，几番论证，终于决定引进ISO9000国际质量认证体系，使产品从经验生产达到规范生产。对于食品行业来说，在传统的肉类加工老字号中实行高难度、高技术、全过程的质量管理，难度可想而知。撇开实质性的内容不说，仅是认证的程序，就要经过申请、初审、签订认证签协议、颁发认证合格证和监督管理等过程。

所以，当阎继红向上级有关部门申请搞ISO9001质量体系认证时，许多人以为阎继红仅仅是为了弄一个证，装潢门面而已。但是，迎着疑惑的目光，一场旷日持久的质量创新革命在"六味斋"全面打响。为了抓好认证，他们首先进行统一培训、提高认识。公司领导带头学习、亲自参与，对各分厂的质量员统一培训、统一管理，在全公司造成浓厚的抓质量管理的舆论氛围，让全面质量管理工作深入人心。为了加强管理，他们从源头上抓起，制定了严格的原辅料进货标准。从原辅料进货必须经供应部、物流中心、卫生质检部三方同时签字认可，到全国采购、现场考察和建立自己的养殖种植基地；从把管理重点由产品事后检验质量转为防检结合，以防为主，控制源头和生产过程中的质量。这样，就从管结果发展到管原因。为了创新管理，他们制定了"下道工序检验上道工序，上道工序对下道工序负责"的运行控制原则，在各环节设立了专职人员，对半成品、在制品负责。用"五不放过"标准实现层层把关、人人监督的目标。在制造程序上形成了"以下工序为用户,上工序为下工序服务"的相互协调、相互促进的质量管理有机整体。为了保证质量,他们建立了"食品安全监测研发中心",对公司的所有原辅料、半成品和成品进行跟踪监测,实现了产品综合检测能力在95%以上,出厂产品检测能力100%,坚决做到产品出厂合格率100%。由此可见,"六味斋"根据全面质量管理要求,结合自身特点而形成的抓源头、控制过程、完善检测程序的整个质量运行保证体系,始终按照PDCA(计划-实施-检查-处置)的循环周而复始地运行,使质量认证工作成为推进企业员工质量意识提高和企业质量管理工作不断提升的最重要的源头。从1999年开展质量认证工作开始,2000年,"六味斋"通过ISO9001质量体系认证和产品质量认证后,企业的产品质量逐年提高。"产品质量的好坏就是人格品行的好坏"。正是这种最朴实的认知和实战,使"六味斋"的顾客满意度高达95%;近年来,"六味斋"的产品在省、市有关部门的检测中,合格率始终保持100%。其产品被评为"山西标志性名牌产品";"六味斋"商标被评为"中国驰名商标"的同时,"六味斋"还荣获"全国保护消费者杯"称号。

阎继红的"诚信"与"热爱"

如果说,"六味斋"在食品安全和质量管理方面所做的努力,是良心体现的话,那么,用老字号的品质,打造放心早餐,就是"六味斋"全心全意地为消费者服务的又一次"真情告白"。随着城市化进程和人们工作、生活节奏的加快,许多年轻人不愿再去为一日三餐费心劳神、浪费时间,特别是早餐。据统计,有50%的城市居民难以吃上放心早餐,而在外吃早餐的人群中,又有70%的人对早餐不满意。吃早餐难,就成为尚待解决的民生问题。从草根一族到企业家,阎继红是那种既能看到商机,又熟悉市场和消费者心理的人。而对发展中式快餐难度大、早餐利润空间少等困难,依托"六味斋"品牌,把握发展规模、建立加工配送中心、开发经营网点、保证产品质量等一系列打造放心早餐的创新经营方案出台了。从2006年"六味斋好助妇"餐饮公司成立之日起,他们先后派出30多名中层领导和员工到西式快餐店进行实习观摩,在吸取国内、省内一些中式快餐经验教训的基础上,建立了统一管理、统一标准、统一采购、统一生产的主食加工配送中心,将传统的烹饪技艺与现代食品工业化操作手段相结合,完成了由传统经验型向科学化、标准化、数据化的转变,对中央厨房实行工厂化管理,确保了产品品质的连续性和一贯性。此外,颁布了53个岗位作业标准;除豆浆、老豆腐、油条、丸子汤外,开发具有"六味斋"食品特色的近40多个早餐品种;在质量安全稳定的基础上,保证菜品的色、香、味、形、质等特殊要求,真正做到"质好、量足、花色多",确保市民吃得放心、吃得满意。一个人追求的目标越高,他的能力就发挥得越大,对社会就越有益。目前,"好助妇"快餐店已成为太原市民最受欢迎的中式快餐品牌。面对供不应求的市场需求,阎继红从肉类加工的源头做起,以品牌为载体,向养殖业、种植业进军的同时,走出了一条"贸工农一体化、养加销一条龙"的农业产业化和绿色、低碳的循环经济之路。为了实现"走出山西,走出国门"的宏伟目标,为了满足国内外更多消费者的需求,"六味斋"在清徐又购买了500亩土地,又在汾河高效观光农业区筹建厂房,建设更加规范化的肉制品、豆制品和主食加工配送中心,可以想象,一个更具魅力的新兴产业基地将从这里崛起。

　　满足消费者的需求与承担社会责任在阎继红的心中同等重要。这些年来,"六味斋"先后安置下岗职工4000余人次,极大地解决了社会的就业压力。"六味斋"先后在右玉、阳曲等贫困地区建立的产业基地,促进了当地农业产业结构的调整,带动了一方百姓走上致富之路。面对食品原料的价格一再上涨,"六味斋"在平抑物价中,仍拿出百万余元让利百姓;在"非典"期间、在洪涝灾害面前,"六味斋"一再捐款捐物,与当年的晋商一样广做善事。以四川汶川地震为例,当时"六味斋"汽车队分两批满载着职工加班加点为灾区人民赶制的价值27万元的牛肉和27万元的捐款赶赴地震灾区,为灾区人民送上了百年老店和"六味斋"员工的一片爱心……

◎袁玉珠：超越时代，改变历史

刘晋飞

山西中钢：誓建钢铁帝国

袁玉珠不是被媒体报道最多的钢铁巨子，但他创建的中钢可能是山西钢铁行业被复制最多、被观摩最多的企业。理由很简单，中钢的管理水平超越了这个时代的水平，中钢是一个跨越时代的作品，中钢所代表的品质远远地超过了中国民营钢铁行业现有的品质水平，由此它带给人以更多的思考。

在利润之外，袁玉珠还承担着更多的责任，他既是实业家，也是慈善家，他改变着自己以及所有利益相关者的生命质量。他让人尊敬，在财富之外。

你可以不把袁玉珠当作一个纯粹的商人，至少他的第一目标不是为了钱，品质是他的第一要求；改变家乡中阳的历史，是他心甘情愿背负的使命。

某种程度上，你可以将他当成一个深谙管理艺术的大师，毕竟在大家的眼中，他旗下的企业更像是一个个精确的作品，甚至是艺术品。同时，他也是最为慷慨的山西慈善家之一，仅在2007年一年，他就为中阳的教育事业和公共建设事业捐赠超过亿元。

说到底,他是一个理想的完美主义者,他有着自己的经营之道和人生梦想,那就是袁玉珠尺度。

袁玉珠的眼睛与尺度

初见袁玉珠的人,印象最深的一定是他的那双眼睛,那是一双极其犀利的、炯炯有神的眼睛。当他和你谈话时,这双眼睛里充满了定性,没有丝毫的游移,它告诉你,袁玉珠是一个极其专注的人;当他和你一起看项目时,这双眼睛里充满了审视,容不得丝毫的错误,它告诉你,袁玉珠是一个极其挑剔的人;当他和你一起讨论某个历史或者军事话题时,这双眼睛又会笑得像个孩子一样,充满了清澈与透明,没有丝毫的阴影,它告诉你,袁玉珠是一个极其坦荡的人!

当中钢成批地接待参观者、仰慕者的同时,它也接受着一次又一次的仿制,殊不知那些外围条件都只是形成中钢的必要条件,而袁玉珠本人才是形成中钢的充分条件。中钢之所以是中钢,最重要的是来自于袁玉珠那双极其挑剔的眼睛,以及那双犀利的眼睛中所折射出来的尺度——一种属于中钢的尺度,一种属于袁玉珠的尺度!

可以这样概括:对于袁玉珠而言,这种尺度首先意味一种标准——标准的尺度,其次它还意味着一种系统的协调——系统的尺度,再次这种尺度还意味着袁玉珠本人对人对己对事的一种规矩——规矩的尺度,如果明白了"袁玉珠尺度"的内涵,也就能明白,为什么中钢是中钢,而袁玉珠是袁玉珠了!

钢铁人生路

中阳县沟壑纵横,群山连绵,是全省三十五个国家贫困县之一。

作为一个土生土长的中阳人,出生于1953年的袁玉珠,他的成长历程就像是一首史诗，其中包含着贫困、政治运动、经济改革、国家转型以及中国在国际上的重新崛起。

小时候放过羊、记过工的袁玉珠，对于钢铁最初的印象还是来自于1958年，大炼钢铁的时候就是拣一些废钢、废铁，然后弄上木头，生上火，就像新疆烤肉似的，把铁放在木头火上烤。

这样的思想认识烙印以及"大跃进"时的热情使得袁玉珠对钢铁充满了复杂的感情，而这样的感情某种程度也激发了袁玉珠对钢铁行业最初的兴趣。或许机缘使然，袁玉珠在随后的人生岁月里曾先后三次向钢铁行业发动进攻。

在"文化大革命"中辍学后，袁玉珠曾当过一段时间小铁匠，从此就让自己的命运与钢铁牢牢地系在了一起。

十一届三中全会之后，袁玉珠通过搞修配、焊接攒了15万元，于1985年创办了一座炼铁厂。那是他第一次对中央政策精神的清醒把握，也是第一次对自身环境的准确认识。谈到当年为什么会搞钢铁，袁玉珠的回答很简单："钢铁行业是国民经济发展中的一个大行业，不是说钢铁是工业的粮食吗，如果说农民以种粮为主，工业就是以钢铁为主。"

1987年他又新建了一座小高炉，月产量达到1100吨。1988年，袁玉珠又投资兴建了当时吕梁最大的炼铁高炉。

1992年10月，袁玉珠决定投资1亿元上马中钢，他说："吕梁有丰富的矿产资源，主焦煤储量占全国1/5，铁矿储量占山西省36%以上。中阳人要致富，就要变铁为钢，把优势做足。"

很多时候，魄力意味要挑战巨大的困难，毕竟要把一个乱石荒滩建造成一座"钢铁之城"谈何容易。但袁玉珠的念头是：越困难越能显示一个人或一个企业的魅力，形成无形的品牌！经过四年艰辛苦战，中钢于1996年10月投产。2003年中阳钢厂投资7亿元，又上马了一座60万吨焦化厂和240万吨第二炼钢厂，让中钢的年炼钢生产能力达到了360万吨。

"欠了钱可以还，但是误了时机却是不可弥补。"这是袁玉珠常说的一句话。随着进厂铁路专线、中钢职工大学等重点项目的建成,如今的中钢,固定资产近70亿元,年上缴利税亿元、集"煤焦、炼铁、炼钢、轧钢、发电、水泥"为一体,是吕梁最大的民营企业之一、全省冶金行业排第三的大型企业。

袁玉珠终于用10年时间实现了锻造"钢铁吕梁"的梦想,正如回良玉副总理视察中钢时所说:"中钢了不起,吕梁有希望。"

中钢攻略

中钢的崛起,带动了中阳县、吕梁地区及山西省炼铁、焦化、采掘、运输业的跨越式发展,真正成为龙头级的企业。

中钢的发展引起了中央、省、市、县各级领导的高度重视,国务院政策研究办公室专门派经济专家来厂调研民营企业的发展状况;党和国家有关领导曾多次视察企业,对中钢给予了高度的评价。

确实如此,当袁玉珠倾尽全力去打造中钢的时候,在这个过程中他不再是一个商人,或者说首先不是一个商人,他变成了一个带着梦想而执着前行的追梦人!与其说他是在打造一个企业,不如说是在用毕生的情感和心血去描绘一幅心中珍藏已久的画卷。

袁玉珠创立了一套"思想上引导、制度上约束、利益上推动、感情上投入"的系统管理工程,提出"做合格中钢人"的口号。每年劳动节、国庆节、厂庆日,袁玉珠总要出资200万元表彰技改、创新能手、标兵骨干以及劳动模范。在职工住房方面,首批13栋板式楼,职工早已入住,五栋19层的高层建筑也已投入使用,为职工解决住房问题。

与此同时,中钢制定了一系列公共制度和岗位制度,如《职工行为规范一百条》、《工作标准一百条》、《考核细则一百条》、《山西中阳钢厂管理手册》等,特别是生产现场管理的"七不忘、五不走、十不准"的标准要求,有效地规范了职工劳动操作行为和生产行为。企业还实行竞聘上岗,将指标化管理和控制成本经营贯穿于生产的各个环节，做到指标到人、考核到位、落实到岗。

"他不是一个普通的实业家，是一位管理大师、规划大师。"有专家如此评说袁玉珠。袁玉珠对中钢的建设规划，他在其中的种种考虑，绝对让人望尘莫及。中钢好多高学历的中层管理者，在与袁玉珠相处的日子中，慢慢发现，袁玉珠管理的艺术，归根结底是个修养问题！他有着天生的、精确的管理才能，在他的眼光把控之下，他的企业能够持续不断的，以高标准推出优质产品。

在对员工培养方面，首先是长期同中阳一中开展"校企合作，互利双赢"，一方面使学校走出了一条独特的办学路子——普通高中与职业技术教育相结合，升学与就业并重的办学模式。同时也解决了钢厂急需人才的问题，冶炼、化工、铸焦、营销、采煤、林果等专业都有了丰富的人才储备。

其次中钢内部还成立了职教中心，并开设大专部，培养专业技能人才，建立自己的人才库。中阳钢厂还非常重视党组织活动和职工文化生活的开展，每年表彰先进集体和模范个人，修建了一百多平方米的图书馆，配备安装了闭路电视1000余部。餐厅、澡堂、星级宾馆以及花园式工厂引人注目，使企业的整体发展跃向了新的高度。

袁玉珠曾这样说过，"在中钢的建设过程中，我随时随地用这样几把尺子要求每个环节。一是超越行业标准，要比同行做得好，做得精；二是超越专业，让专家认同，每一个细节都经得起专家的检验，并且超过专业标准、行业和专业这两把尺子，保证我们站得住脚，立于不败之地；三是超越自我，做一个让自己满意的企业，做一个让自己有生以来毫无愧色地感到骄傲的企业。"

在袁玉珠身上，"达则兼济天下"的中国传统文化表现得淋漓尽致；他甚至要把慈善做到极致，那就是改写中阳的历史。

"中阳最大的贫困不是经济贫困，而是知识贫困、人才贫困。"袁玉珠认识到，要改变中阳的历史就要改变中阳教育的历史。毕竟作为国家级贫困县的中阳县，近年来经济增长速度虽然比较快，但每年都会有相当一部分优秀的学生因家境窘困而被迫辍学。

早在1988年，袁玉珠就拿出30万元存入银行，作为中阳县的教育基金，鼓励品学兼优的学生。随着山西中阳钢铁集团的不断发展，袁玉珠的捐款越来越多，1990年捐资30万元建起阳坡塔小学，2001年捐资1000万元改建中阳一中，2005年捐资700万元资助中阳一中，2006年为实现中阳县高中免费教育捐资800万元，2007年捐资1000万元……

从2005年开始，中钢集团包揽了中阳县全体高中学生的学费。袁玉珠说："在支持高中教育问题上，中钢承诺一年投入一千万，至少坚持三十年！"

有人说，在全面实现农村义务教育学杂费全免、探索实施免除城市义务教育学杂费的中国，这算得上是一个奇迹。到2008年为止，袁玉珠累计拿出约2亿元无偿投入了中阳县的教育事业。

相对于承诺30年坚持高中免费教育而言，袁玉珠对促进中阳县城镇化进程也是功勋卓著。

正如他所言："我这辈子要办两件事，第一件事是要在中阳普及高中，第二件事是要取消中阳的农村！"他指的"取消农村"是要让中阳县的农民，过上城里人的日子。

首先是在水利上，为村村通上自来水管道，下一步还要净化自来水，让人人"打开水龙头就能直接喝水"。另外帮助一些无法耕种的农民搬迁入城，加快中阳县城镇化建设，将退出的耕地还原为杏林、核桃林。

"从2010年开始，我们每年将拿出5个亿来推动中阳县农村城镇化，干十年！"这个投入预计占其年利润的50%。

用自己的智慧、胆略和汗水来换取收获，然后回报家乡，这样的梦想和信念，化成了袁玉珠的人生观和价值观，也是他立志改变中阳历史的原始驱动力。

◎张连水：煤老板转型翅果油挖宝

韩书贤　王建科

山西是煤炭资源大省，煤焦产业对全省经济发展举足轻重。然而，要坚持科学发展，就必须坚决摒弃不顾资源环境生态代价盲目追求发展速度的做法。转绿之路是光明的，又是艰难曲折甚至是痛苦的。山西众多煤焦企业在转型中做过很多探索，创造了很好的经验。乡宁县民营企业家张连水，依托煤焦生产经营，开发当地特有的世界珍稀植物翅果油树的成功实践，为我们打造绿色三晋提供了有益的启示。

一

由民营企业家张连水执掌的乡宁县煤焦实业有限公司，20年前是个设备陈旧、工艺落后，连年亏损的小煤窑。他先后投资对采煤、通风、机电、运输、掘井等设备进行全方位的技术改造，兴建洗煤厂、焦化厂和煤气发电厂。如今，公司已发展为集"原煤开采—精煤洗选—焦炭冶炼—化产回收—煤气发电"为一体的煤炭加工转化综合型高科技企业，总资产达10亿元，年销售收入6.6亿元，利税8100万元，上缴国家税金6800万元，成为省百强民营企业、省科技型先进民营企业、省优秀中小企业。张连水先后荣获全国劳动模范、全国乡镇企业家、全国优秀厂长（经理）的称号，并连续三届当选省人大代表。

谈到创业的艰辛，张连水的感受是复杂的：为了要回外欠，他曾舍命拿口杯与债户一杯接一杯赌酒，他和同伴说，只要给了钱，就是让吃屎咱也要吃了！年关矿上发不出工资，不知有多少次，他过年不敢回家；因为赶办业务，他不顾日夜劳累，竟然昏倒在长途列车上……

风霜雨雪过去了。煤焦形势的好转，给张连水带来了财富和欢乐，也带给他深深的内疚和思考：

因为挖煤，地表塌陷、房屋裂缝、水源枯竭、环境污染、生态破坏。村边日夜奔流的清泉不见了，留下的只是干涸的河滩，成了他心尖上无法愈合的伤痛。

"当地一名矿主竟被绑架了17次。过去我的人缘挺好，如今也遇到仇视的目光。煤焦产业的基础是国家资源，企业有了积累，理应还之于国家，用之于社会，造福于家乡。"为此，他累计拿出3000多万元，用于家乡修路、建校、引水等公益事业。

"煤炭是不可再生的资源，挖一点少一点，总有挖完的时候。"张连水在思考企业的发展和社会的未来：以有限资源发展无限资源，以地下资源武装地上资源，以黑色资源培育绿色资源。他说：前20年我破坏生态，后20年我要恢复生态。

张连水探寻的目光停住了。他遇到了翅果……

二

2000年1月，张连水在参加省人民代表大会期间，通过咨询有关专家得知，乡宁县山上古老的翅果油树，经济寿命长，号称"砍不死"，几十年乃至上百年仍处于盛果期，可谓"一次栽植，百年受益"，是我国特有的木本油料植物。联合国曾派人专程来晋考察，对其珍贵的资源价值给予高度评价。

当年正月初六,张连水把两位专家请到乡宁。他们共同踏雪上山查验,证实当地的"层壶树"便是翅果油树。接着,他背着收集的十几斤翅果,奔波于上海、西安、北京等地,到各个大专院校和科研单位寻求检测化验,拜访了12位专家教授,跑遍乡宁、翼城两县十七镇的山村沟坡,汇集了十几万字的科研资料。

检验报告有了结果,翅果油树全身是宝:翅果油品质世所罕见,可作为生物制药、降脂药、强化食品以及高档化妆品的优质原料和添加剂;翅果壳可作活性炭;翅果花是早春蜜源;叶片可作优质保健茶;其木材质地坚硬、纹理细密、色泽美观,可制作上乘家具。尤其是翅果树抗寒、抗旱、耐贫瘠,是绿化荒山改善生态环境的理想树种。

身处煤海的张连水,如同遇到顶级富矿。

2000年3月,张连水注资5658万元,组建"山西琪尔康翅果生物制品有限公司"。他要让古老的翅果油树为人类献宝。

他们的主导产业——"翅果综合利用产业化关键技术示范工程"引起上下关注。经国家发改委批准立项,成为国家级农产品深加工食品工业专项工程项目,被山西列为农业产业化"1311"项目工程、"两区"开发项目,以及省、市、县、乡农业产业化龙头企业项目。项目总投资2.71亿元,总规模为10年发展翅果油树经济林10万亩,年加工翅果5000吨,实现利税2亿元。

翅果开发项目在迅速推进。公司建成长咀湾高科技试验园区、孟庄种苗繁育园区、谭坪生产示范园区三个高标准苗木繁育基地,建起两座全自动智能日光育苗温室,CO_2超临界萃取翅果油生产线和全自动软胶囊生产线投入使用;翅果油填补特种油脂国内空白,翅果油软胶囊获得《国产保健食品批准证书》《绿色食品证书》、首届中国国际"林博会技术创新奖"、首届中国国际农产品交易会"畅销产品奖""山西省农业产业化'百龙'企业产品优秀奖""山西省名牌产品"和"著名商标"。同时,他们在北京中关村组建了北京晋嘉琪尔康生物资源研究中心,与中国农业大学、中国林科院、山西农业大学、山生命科学与技术学院、山西师范大学、太原育康人体营养研究所等建立长期协作关系，组建了以7名博士教授和11名研究生为主力的科研团队。

多年前种下的翅果油树，枝繁果硕；昔日裸露的山山岭岭，披上绿装。

"过去种庄稼，我一年能收入两千多元；去年转包费加翅果油树管护费挣了近万元。村里130户家家都在种。"西交口乡大呾村农民高张祥眉开眼笑地告诉记者，他们村2/3的土地退耕还林种成了翅果油树，尽管还不到盛果期，但收益已经是以前的好几倍。

琪尔康公司实行"科技+公司+基地+农户"的农业产业化模式，带动当地农户大面积种植翅果油树，现在已经发展基地林5万亩。公司坚持谁栽植、谁受益的原则，与当地3025户农户签订管护和转包土地协议，无偿提供苗木、技术，支付栽植、管护费用，每亩给农民带来1500～2000元的收益。从去年开始，周边一些县的农民，也加入翅果基地林建设的行列。琪尔康公司的崛起，还带动了当地食品、机电、包装、运输、服务等行业的发展。

翅果开发带来的社会效益、生态效益和经济效益正在日益凸显。

◎张广斌："红枣"成就财富人生

闫 杰

古县青年张广斌，16年间闯荡深圳特区，他所书写的传奇成为当今青年人茶余饭后的谈资。这16年，有太多的故事，归根结底，是家乡的红枣成就了他的财富人生。

目标瞄准家乡"红枣"

与其感叹贫穷，不如努力致富。张广斌说："路找准了，不要怕路遥！"

早在吕梁高专中文系读书期间，张广斌就关注山西土特产在南方深圳的销售情况。当时《山西日报》正开辟专栏讨论"晋果南运"，研究如何打开广州、深圳市场的办法。大学三年过去了，他收集的有关红枣销售方面的资料也有厚厚三大本。在1992年暑假初闯深圳时，他就留心山西土特产在深圳的销售情况。要做生意，首先得有商业头脑，张广斌一点也不缺商业头脑，他根据自己对资料的分析研究，设计了一整套销售方案：深圳是全国消费水平最高的城市，可是偏偏山西土特产却不多，市场基本是空白，咱就先运山西著名的红枣吧。

大学毕业后，张广斌顺利通过应聘，成为吕梁行署驻深圳办事处业务员。

1994年10月到达深圳,他除去日常的一些接待事务外,主要是推销山西特产红枣、核桃、山楂果等。现在,专职做推销的他,就在这方面下起了工夫。他告诫自己:没有路就探路,要做好失败的准备。

"俏包装"拓开大市场

"不破不立。俩人打台球,轮到你了,没有好的角度,那你就闭上眼睛,随便捅一竿子,也许就把对方的球打进了,局面就会焕然一新,豁然开朗。巨大的风险往往孕育着重大的机遇。"张广斌自称是一个"敢"字当头的人。

他认为首先应该调查深圳市场。经过调查他发现:在深圳销售红枣,要切合深圳人喜欢吃鲜果的习惯;要打开消费市场,关键是解决好红枣的包装和长途运输问题;更为重要的是吕梁沿黄河一带是全世界范围内红枣产量最大最集中的地区,在1994年以前,还没有大规模运到长江以南地区销售;深圳这座全国消费水平最高的城市当时还没有北方大红枣销售,这是一个市场空白,其间蕴藏着巨大的商机。

基于此,张广斌确定了推销红枣的思路。他大量组织运送吕梁临县大红鲜枣、酒枣,针对鲜枣、酒枣运输过程中容易被挤压、被损伤的问题,决定在深圳加工包装,而不在山西包装好再运到深圳销售,如此,可避免包装袋内的红枣破损而卖不出去扔掉的问题。此外针对红枣补气活血的食疗原理,他响亮提出"纯天然美容食品"营销广告,销售定位于大商场和出口水果的大客商,就这样他成功地撬开了深圳大红枣市场。

走在卖红枣的路上

人生的秘诀就在于坚持。1996年是张广斌推销红枣大获全胜的一年,这一年红枣不仅销路非常好,而且利润也很高,他还把鲜枣空运销售至香港,这也是山西历史上的第一次。他所创立的北方土特产在深圳销售的模式,成为业界纷纷效仿的对象。当然,在这方面也有严重的失误。张广斌称其为惨重的教训,眼睁睁地看着能赚到大把的钱币就是到不了手,原因是路途遥远供货不及时,货到了,却误了最佳销售时机。

后来又出现了另一个极端。刚开始从吕梁往深圳倒腾红枣时贩枣老手们互相观望,因为山西历史上从来没有大规模地把大枣行销到长江以南,突然有一天从深圳传来张广斌贩大枣赚钱了,大伙就蜂拥而上,然后突然那么一天深圳的大街上山西大枣堆积如山卖不出去了,为了捞回本钱互相挤压价格一败涂地、惨不忍睹。到1998年、1999年、2000年,深圳的大枣市场跌进低谷。面对这些情况,好多人都放弃了。

商业世界不相信眼泪!张广斌坚信只要有市场在就有商机在!世上只有想不通的人,没有走不通的路。他开始转变营销策略,借势造势,积极参加深圳周边及珠江三角洲地区中小城市举办的各种博览会,抓住逢年过节的销售旺季,做出了气势、做出了规模。到2003年,张广斌又找到了一种"送货上门、小规模流动作战"的山西大枣营销方式,就是与深圳的各大社区管理处联系好,交一定的场地使用费,将摊位摆进社区展销,每半个月来一次,每个货车拉四个摊位的货,早上摆上,晚上撤回,流动作战,定向销售,绩效非常明显。为了防止恶性竞争,按深圳特区行政区划,凡是推销山西大枣的古县人全部按片划分,不得跨区作战,保秩序保质量保效益。

如今,"山西红枣大世界"和"红枣一条街"为主体的山西土特产展位,成为每年元旦春节深圳特区"年货博览会"的一道靓丽的风景线。以古县青年为主体几十个展位连在一起,相当壮观。张广斌说:"每每这一期间,深圳的报刊和电视全是报道古县青年是如何卖山西大红枣的,就是那些有名的潮汕、江浙、福建客商都无法与我们相比。"

在接受笔者采访时,张广斌特意为农村外出创业青年们提了以下几点建议:第一,如果你本人确实想到外面闯一番事业的话,你就响应你内心深处强烈的呼唤，勇敢地跨出家门，义无反顾地走出去。第二，外出打工创业要树立一个务实的思想，不要有急功近利的想法，一口吃不成一个胖子，先熟悉环境，站稳脚跟才谈得上发展。第三，要有一双慧眼，也就是要用脑子打工不要用体力打工。第四，要有吃苦耐劳的准备，一份耕耘一份收获，天下没有免费的午餐。第五，要有团结奉献的精神，一个人的力量和智慧是有限的，众人拾柴火焰高。第六，要抱一颗感恩的心，你能在深圳打工站住脚，是你本人努力的结果也是别人帮助的结果，打工赚到钱了，要回报家乡，回报父老乡亲。一个人能在深圳打工创业成功了，就能把整个家族带旺起来！

◎张家胜：善弈者谋势

刘晋飞

做企业如博弈，善弈者谋势，不善弈者谋子。

作为一个企业家，皇城相府集团老总张家胜正是一位善于谋势的大家。他从黑色煤炭到绿色旅游，从绿色旅游到高科技产业，总是能在发展中求转型，一次次地以智慧和魄力，实现了超越。

运筹之妙，存乎于心，张家胜的运筹帷幄，决胜千里之道，博得了无数人的尊敬。

作为晋城市阳城县皇城村书记，在担任村书记的20多年中，张家胜带领大家从"满手茧子两腿泥"到年产值近10亿元的经济体，可以说从1984年到现在，始终处在创新发展阶段。在每一个阶段，皇城村不仅冲上去了，而且站住了。皇城村始终以超前的思想和步伐引领乡镇经济从起步走向发展、由变革走向扩张，并且最终成为中国农村经济和乡镇经济发展的标杆之一，其中有很多东西浓缩了皇城村书记张家胜的智慧结晶，张家胜把造福人民作为毕生追求，凭着一种坚定的理想信念，顽强的拼搏精神，创造性的发展思路，率领皇城村人民积沙成塔，艰苦创业，开拓创新，使皇城村始终保持旺盛的生命力，从贫困落后走向率先发展、科学发展、共同富裕，被誉为"山西第一村"。

创业：村干部就是领跑人

阳城县皇城村，地处太行、太岳、中条三山交汇处的沁河岸畔，全村256户，733口人，耕地22公顷。1984年全村年总收入仅有64万元，人均年收入659元。

张家胜1984年担任皇城村村委主任，那年他才26岁。张家胜一上任，就决定利用当地地下丰富的煤炭资源，投资500万元建设一个年产30万吨原煤的煤矿。这对于仅有500余口人、账上连1万块都拿不出的皇城村，实在是"天大"的一个项目。

面对质疑，张家胜说：我当干部，就是要千方百计想办法带领大伙致富的。作为领头人，就要站得高，看得远。先人一步，说不定就能富贵一千年。

批矿难，为了跑项目，张家胜可谓是吃尽千辛万苦、说尽千言万语。1988年4月5日，省资源局正式为皇城村颁发了煤炭开采证书。

1988年10月，在荒凉的矿区，张家胜和大伙在山上竖起四根木柱，钉上竹板，铺上谷草，抹上泥巴，搬几块石头，开始创业。

在100多名干部职工的奋战下，1989年底完成主副井贯通、浆砌等主体工程，成为阳城县建矿史上速度最快、质量最好、投资最少的建矿典范。

1991年3月建成投产后，皇城村的青壮年农民就全都变成了工人。

之后，张家胜又通过资产重组和低成本扩张，兼并了两个大煤矿。最终，皇城相府集团共有3个煤炭企业，转移农村剩余劳力3000多人。

在张家胜开始创业的故事中，我们可以领悟到，不论遇到什么样的困难，只要敢面对自己，相信自己，走自己应该走的路，敢于做自己想做的梦，并为自己的梦行动起来，坚定、执著地走下去，就没有走不出来的路。

煤矿的创建，是从无到有，从小到大，张家胜于困境中找寻出路，以稳扎稳打、步步为营的策略和作风，打造了皇城人腾飞的基石。

转型：打造文化品牌

随着煤炭产业的做强做大，颇具远见的张家胜觉得必须对皇城村的经济结构进行科学规划，毕竟煤炭是不可再生的资源，过分依赖工业，皇城村的三大产业就不可能协调，因此要寻求可持续发展的突破口。

张家胜想到了旅游产业，皇城村是一代明君康熙皇帝的老师——陈廷敬故里，而保存相对完好的故宅皇城相府是中国北方最大的官宦巨宅，具有深厚的历史文化底蕴。

张家胜说，挖煤矿是吃子孙饭，但搞旅游产业，则是为后代留一个金饭碗。为修复和开发皇城相府，先后投资上亿元，完成了村民搬迁建房、景点修复修缮、基础设施配套等工程，使皇城相府这一中国北方最大官宦巨宅，得以一方紫气融入八方锦绣。

经过三年零四个月完成修缮之后，总建筑面积超10万平方米的皇城相府年接待中外游客50万人次、实现旅游综合年收入过亿元，创造了1000个就业机会，并成为晋城市目前唯一的一个国家4A级景区。

张家胜有一套独特的品牌艺术理念。他通过赞助资金、提供场地参与投资拍摄了近20部影视剧。尤其是2001年《康熙王朝》正在拍摄时，张家胜通过各种关系邀请剧组前来正在恢复建设的皇城相府拍摄外景，使剧组在其22集的电视剧中增加了陈廷敬和皇城相府的内容。2002年《康熙王朝》全国热播，相府修复也基本完工。皇城相府集团用280万元的赞助投入，不仅换回了当年1500万元的旅游收入，而且为皇城相府品牌形象的树立打下了一个良好的基础。

此同时，张家胜召集国内著名清史学家，成立了陈廷敬学术研究机构，编辑出版了有关陈廷敬和皇城相府的书籍20多部，重新印刷了《康熙字典》，建起了中国第一座字典博物馆，收集有关陈氏族人的奏折、圣旨、著述、诗作等大量文物，通过"名人"、"名品"、"名村"这"三名"，集中打造"皇城相府"这个文化圣地的品牌。

皇城村的第一、第二产业是第三产业发展的基础,尤其是工业,为皇城旅游业奠定了雄厚的资金基础。有了大量资金,才有能力建造恢宏的旅游景点。但是,旅游业的发展也带动了工业和农业的大力发展。它们是相互作用,相互补充,浑然一体。

高科技产业:执着创新

2002年冬天,张家胜和皇城相府集团的一班人马四处考察、反复探讨新的投资方向时,位于晋城市经济技术开发区的一家制药有限公司出现在他们的考察视野中。

这是一家专业生产儿童感冒用药的民营企业,当时正处于筹建阶段,急需一家战略投资者与他们合作。"皇城"以增资扩股的形式,成为更名为相府药业公司控股80%的大股东,使药厂顺利运行。重组后的相府药业显示了蓬勃的活力,使GMP认证顺利通过,另外还建立了完善的营销队伍和网络,并在全国范围内进行招商。

与此同时,张家胜和首都医科大学合作成立了北京首医相府药品研究所,他们决心在3至5年内研制出三至五种国家级新药,到2010年,将使该厂的销售收入突破5亿元。可以说,跻身药业,使皇城相府集团又完成了一次华丽的转身。这也体现了张家胜能够俯瞰全局,领先潮流。可以说张家胜的每一次革新,都会带来一个大的跨越性的变化。皇城相府集团正是抓住了这样的契机而无往不利。

今日皇城村:富脑袋工程

从黑色煤炭到绿色旅游,从绿色旅游到高科技产业,皇城经济发展模式为山西农村进行小康建设提供了思路，对以资源为主体的山西农村经济实现可持续发展提供了宝贵经验。

今天的皇城村集煤炭开采、旅游开发、生物制药、生态农业于一体，总资产近十亿，成为国家4A级景区、山西省十佳文明风景区，并且是"中国十佳小康村"——"一个共同富裕的现实社会，一个路不拾遗的大同世界，一个人人成才的学习型组织"。

另一方面，张家胜提出了"既要富口袋，也要富脑袋"的发展思路。根据这个发展思路而制定的一系列措施，解决了教育农民的问题，这正是今天建设社会主义新农村需要借鉴的。中央提出建设社会主义新农村是要实现"生产发展、生活宽裕、乡风文明、村容整洁、管理民主"。这不是简单的经济目标，也不是单纯的精神目标，应该说是一个综合的幸福目标体系。研究经济的人经常讲最大化，对一个人来说，需要最大化的不是某个单项突破，而是在各项指标中求得一种平衡，这种最大化才真正体现了以人为本的原则。

◎张月胜：让马产业给右玉插上腾飞的翅膀

尹 璨

"把右玉作为核心，放眼整个山西，让马产业在山西形成聚集，让马产业成为山西转型发展的一个崭新的增长点"，这是张月胜心中最美好的梦想，也是他脚下最坚实的奋斗目标。

2011年8月29日，山西右玉玉龙马园里，玉龙马术俱乐部的骑师和马匹正在进行中国速度赛马俱乐部联赛正式比赛前的最后一次彩排。一个身着白衬衣、黑西裤的男人双手轻扶着赛道一侧的护栏，运筹帷幄地注视着眼前的一切。这个男人，就是山西玉龙投资集团董事长、玉龙马园的园主——张月胜。

小矿工打拼成大老总

20年前，不满20岁的张月胜从老家内蒙古乌兰察布盟远赴山西大同，进入同煤十三矿工作。由于工作认真、勤奋好学，很快就当上了组长、队长，这一干就是6年。6年间，他全面掌握了关于煤矿的各种知识。不久，机缘巧合下，张月胜开始经商，而他所熟知的煤矿行业成就了他创业的梦想。在企业逐步发展壮大的过程中，他的视野也更加广阔、胸怀更加博大。在把握中国经济发展的脉搏、关注全球经济发展的动向、充分响应政府号召的前提下，如何才能在传统产业的支撑下带领企业转型发展，什么样的产业布局才能顺应新时代的发展需求，这成了摆在张月胜面前的新课题。到全国和世界各地考察一番后，他凭着敏锐的市场触觉、虚心的学习精神，很快找到了方向。2006年开始，在张月胜的带领下，玉龙集团开始大力发展新型能源产业、医药化工产业、酒店、物流、供热、房地产等各种现代服务性产业。玉龙集团逐渐转变成为一个传统产业与朝阳产业共生、工业与现代服务业并存、人才与技术并举的现代企业集团。

骏马奔驰来右玉

出生在内蒙古的张月胜的记忆中，马这种奇特的、极通人性的动物，是他整个成长过程中不可或缺的朋友。马背上睡觉，马腹下避雨，多少次策骑奔驰中抒发着少年的豪迈与激情。对马的情结，让离开内蒙古在山西创业的他始终关注着与马有关的消息；无论在哪里，他都会关注到马。

渐渐地，他意识到，马已经不仅是他记忆中的玩伴，而且是一个潜在的巨大产业。马产业可以解决"三农"问题、可以带动就业、可以促进经济增长、可以形成产业聚集，它不仅仅是玉龙集团一个企业跨越发展的契机，也是这个地区跨越发展的契机。

右玉地处北纬40.11度，在全球公认的最适宜养马的42度左右纬度带内，2000多平方公里的土地上总人口不到10万，其中城市集中了4万多人口，耕地空闲较多，为养马事业提供了先天的优厚条件；又因为接近内蒙古，右玉草原的草质和内蒙古草原的草质接近。先天地理、气候条件的优势加上张月胜的热爱，2008年，玉龙集团成立了山西玉龙马业发展公司，开始投资建设玉龙马园。到今天，马园内已经建起了国际标准1600米速度马赛道、国际标准马术障碍赛场、室内马术训练馆、室外马匹调教场、玉龙牧场等专业马术训练设施、场馆设施以及繁育用牧场；斥巨资由国外引进多种名贵马种，包括日本的纯血马，德国的温血马，土库曼斯坦的汗血马、荷兰的弗里斯兰马以及法国的阿拉伯马等。

玉龙马业通过引进国外血统优良的种公马及基础母马，在国内进行科学的繁育和饲养。玉龙马业于2011年成立山西玉龙马术国际俱乐部，聘请国内、国外资深练马师、教练员等高端专业人才，吸引了大批国内优秀运动员加入，并于2011年促成了山西省马术队的组建，强有力地推动了山西省马术竞技体育运动的发展。

马术牵动马产业

张月胜承认现在玉龙马术俱乐部与国内顶尖马术俱乐部之间还存在一定的差距，他表示，目前最大的问题不在硬件，而是专业人员的配置。联赛比赛结束之后，他首先要做的就是在全国寻找优秀的骑手和练马师，成立马术学校，培养山西的马术人才。

张月胜的想法与山西体育职业学院的赵晓春书记不谋而合。赵晓春也是爱马之人，山西的马术运动在全国来说发展相对落后，在马术、赛马等竞赛项目中更是成绩不佳。成立专门的马术学校这个想法已经在赵书记心中盘亘了许久。这次，两人一拍即合，决定在右玉成立山西体育职业学院右玉马术分院，专门培养中国高水平的马术人才。明年，玉龙马业还将建成面向世界的国际拍卖中心，针对运动马的繁育成立马工程研究中心。

把右玉作为核心，放眼整个山西，让马产业在山西形成聚集，让马产业成为山西转型发展的新增长点，是张月胜的梦想。

谈到对玉龙集团今后的发展战略，张月胜坦言：响应国家的号召、遵循市场发展的规律、走可持续发展之路是玉龙集团的指导方针，玉龙集团的未来与右玉的未来、山西的未来息息相关。在未来的道路上，玉龙集团将不断践行自己的诺言：以成就，胸怀这片热土；以成就，奉献这片热上；以成就，来成就更多人……

人欢马叫谋发展，龙马精神兴右玉。在古老的三晋大地欣逢难得的转型发展、跨越发展的历史机遇时刻，相信张月胜和他的马产业，必将一马当先，高奏凯歌。

张丁海：以科技创品牌 造福地方百姓

康保平

从地方民族特色小吃着手，组建一个民族食品企业，以"滚雪球"的发展方式，不足十年间公司资产由300万元壮大至4000万元，销售收入由不足300万元提高到4500万元，实现利税由15万元增至373万元，并带动绛县两个肉牛育肥基地和1000余户农村肉牛改繁户。公司被国家民族事务委员会指定为"全国少数民族特需用品定点生产企业"，被省、市、县、三级政府评定为"农业产业化龙头企业"。这在绛县农副产品企业发展中可称之为"奇迹"，而创造这个"奇迹"的人就是山西金绛食品有限公司董事长张丁海。

张丁海，1956年生，高级经济师，山西省民族经济促进会副会长、山西省工商联合会执委、运城市政协第二届委员会委员、政协绛县委员常委。被国务院和山西省委、省政府授予"全国民族团结进步模范"、"山西省民族团结进步模范"称号，被科技部授予"星火计划先进工作者"，运城市社会主义劳动竞赛委员会授予其"运城市劳动模范"称号，并荣记二等功，山西省企业协会2004年至2007年连续四年授予其"山西省优秀企业家"称号。

科技创新，以品牌兴企业

绛县清真五香牛肉有700余年历史，为了使这一产品走向市场，1999年初张丁海到山西省食品工业研究所，走上了科技创业的道路。他同专家一起，对五香牛肉加工工艺、传统配方、市场前景进行了整理和改进，并筹集资金148万元，站在企业发展和救助破产企业职工的角度，利用停业的县五交化公司场地，组建山西金绛食品有限公司这一民族性民营企业。1999年5月动工，10月投产运营，一举成为运城市唯一的一家大型综合清真肉食加工企业。金绛食品有限公司的组建，当年就安排了县五交化公司15名下岗职工和社会10名回族青年就业，并为该公司48名职工每年全额交纳养老保险金，为社会稳定起到了积极作用。从建厂之日起，他坚持"以科技为先导，以质量求生存，以品种求发展，以管理求效益"的办厂宗旨，依托省食品工业研究所科学技术，不断加强科技投入，使公司具备了一支48人的专业技术力量，并两次承担省级星火计划项目的研发，使公司产品形成了五香牛肉、五香羊肉、牛肉干、清真果蔬肉制品、清真夹芯肉、豆制品、蛋制品七大系列五十余个品种。产品多次参加全国乃至国际展销会和博览会，荣获"金奖"、"山西名牌产品"、"地方知名产品"、"色、香、味、包装俱佳产品"、"优质产品奖"等二十多项荣誉，畅销河北、陕西、山东、河南、湖南、广州等省二十余大中城市。

全球金融危机发生后，为提高企业抵御市场风险的能力，张丁海从全面提升企业自主创新能力着手，两次赴中东和非洲市场考察，并组织有关专家对企业内部管理进行全面诊断，对企业经营前景和发展优势进行研究分析，提出了"全面提高自主创新、引导消费新理念"的发展思路，决定2008年至2010年新上"营养豆制品、复合功能夹芯肉、125万罐清真牛肉罐头"三个项目，并同阿联酋外商达成了合作意向。目前，豆制品已开始投入市场。正是由于"科技创新"的发展理念，使金绛公司步入了发展快车道。"金绛"于2005年和2009

年连续两届荣获"山西省著名商标",公司被农业部评定为"全国乡镇企业创名牌重点单位",被省工商局、科技厅、省质监局、省商务厅分别命名为"守合同、重信用单位"、"山西省优秀科技型民营企业"、"质量信誉AA级单位"、"山西省商业诚信优秀单位"等荣誉称号;"清真五香牛肉加工生产工艺"荣获2008年运城市科学技术进步二等奖。

真情奉献,搞好基地建设

为了使企业真正地体现"龙头"带动作用,自2000年起张丁海按照"公司+基地+农户"的发展思路,着手培养自己的肉牛育肥基地,把肉牛育肥变为金绛公司的"车间",把农村肉牛改繁户变为肉牛养殖产业"车间",他跑遍了全县的山山水水,对37.4万亩草坡及山区进行实地考察,投资10万元在冷口、陈村、磨里、续鲁峪扶持了近千户农村肉牛改繁户。又到省农科院请来专家,分别在沟堎、柳泉、横水扶持新建了三个肉牛育肥基地,并在陈村镇、古绛镇扶持了3000亩玉米和500亩苜蓿饲草饲料种植基地。在他的建议和支持下,绛县成立了肉牛养殖协会,共同制定了"无公害控制措施"、"肉牛改良操作规程"、"育肥饲料饲草供应规章"等,使绛县肉牛养殖步入了规模化、规范化、科技化的轨道。

为了实现绛县养殖产业持续发展,使养牛户和基地少担风险,金绛公司同他们签订保护价收购协议,对一些困难养殖户以订金代替收购资金,给广大农户送上了金绛人的温暖与真情,使绛县的肉牛养殖业方兴未艾。目前,三个肉牛育肥基地利用荒地、荒沟530亩,建有牛舍320间,饲养牛棚3800平方米,年出栏肉牛3000余头,可为公司提供优质牛肉600吨,全县的优质肉牛存栏达2万余头,养牛户占全县5.3万农户的1/4。20头~30头的小规模养牛户300余家,养牛户人均收入5000元以上,最多可达1.5万元。由于金绛食品的带动,肉牛养殖业已成为绛县农村产业结构调整中具有活力的支柱产业之一。

富而思源,坚持为群众办实事

企业发展了,但张丁海并没有忘记自己的责任,尤其是作为政协委员,时时刻刻把群众困难挂在心上,尽自己所能为他们办实事,解决实际困难。针对绛县肉牛养殖户缺少资金,特别是金融危机后返乡农民工增加的问题,张丁海在调查研究的基础上,以金绛食品发展为优势,积极引导返乡农民工走养殖创业的道路,积极为他们解决资金问题。在公司流动资金紧张的情况下,为返乡农民工解决肉牛养殖资金360余万元,涉及绛县陈村镇、古绛镇、卫庄镇、冷口乡四乡镇83户。同时,还积极同县农行联系,由金绛公司为他们担保,争取惠农贷款240余万元。这不仅为返乡农民工创业和困难养殖户脱贫致富提供了支持,也为全县肉牛养殖业持续发展做出了应有的贡献。金绛公司成立至今,先后吸纳下岗工人45人、农村剩余劳动力70余人,并且已为其中15人办理了退休手续。张丁海先后为绛县清真公益事业、农村教学、农村修路、农村老年活动、雪灾和地震灾区捐款近30万元。每年逢年过节还为企业和社会特困人员送钱送物。相对于有些企业因金融危机而停业,造成一些员工下岗的状况来说,以他为首的金绛公司领导层,积极应对并制定措施,开发新产品、上项目,不仅承诺员工工资只增不降,还使公司职工无一人下岗。这一切为绛县企业家参与公益事业起到了表率作用。

无私奉献,促进民族团结

这些年,张丁海从未有过星期天和节假日。在项目实施过程中,他不慎将左手中指、无名指夹伤,造成粉碎性骨折,但他无时间住院,只草草处理便扎进车间里,新产品出来了,生产运营正常了,但他的手指已成畸形。人常说:十五的月亮终会圆。然而,逢年过节,职工放假,他就要坚持值班,从未有过同家人团圆过节的感觉。2008年5月,妻子住院做手术,他在省城忙于同专家一起研究新产品开发。7月份,年迈的母亲住院,而公司豆制品设备安装正在进行,只有让妻子代为尽孝。公司组建至今,他同公司的下属外出办事或到技术权威部门争取技术支持、到全国各地了解先进的设施设备时,总是住50元左右的房间,吃一般的饭菜,有时还喝开水、泡方便面,按他的话就是"我们一定要去把有限的资金运用到最需要的地方"。多年来,由于工作忙,他很少顾及家里,他的家成了他的旅店,总是匆匆来、急急走。公司豆制品规模试产中,他的爱人心脏病经常发作,他却顾不上照顾,每晚12点回家后,只能问问妻子的吃药情况。妻子说:"你忙你的吧,这几天我死不了,也不敢死,怕你没有时间给我下葬。"面对妻子的眼泪,张丁海只能把眼泪咽到自己的肚子里。对此,张丁海无怨无悔,他深知一个共产党员应该具备最基本的"舍小家为大家"素质,但他在职工心中却是一个圆圆的月亮。单位职工生病住院,他一定要去探望,带去党的一份温暖;职工婚丧嫁娶,他一定到场,带去公司一点关怀。回民饭店原经理丁群堂无儿无女,去世后他负责按回族仪式安葬老人,其73岁遗孀白耐花老人,公司一直安排住房、安排专项经费、安排了专人伺候。逢年过节给老人买礼物,生病安排专车看病,使这位回族老人老有所养,安度晚年。张丁海也赢得了全系统回、汉员工的信任和支持,回、汉员工不仅团结亲如一家,而且视他为兄长、朋友。公司上下团结,凝聚力加强,这给企业带来经济效益的同时,也带来了巨大的社会效益,公司被县、市、省命名为"文明企业"、"青年文明号"、"先进民族企业"、"诚信单位"等,他自己也分别被国务院和山西省委、省政府授予"全国民族团结进步模范"和"山西省民族团结进步模范"。

  为使"金绛"进一步做强做大,张丁海制定了企业的五年发展规划,即:2015年公司实现生产规模6000吨,产值1.6亿元,利税1500万元,产品形成10个系列106个品种,同时使绛县的肉牛养殖形成五大基地,并辐射2000户农村肉牛改繁户,实现养殖产业持续发展。为了实现这个目标,目前625万罐牛肉罐头生产线正在实施之中,他以扎扎实实的创业精神正在实现着"金绛食品"的预期目标。

◎张小红：锦绣"钱"程种出来

康保平

从酒店老板，到服装商，到摩托车区域代理，张小红的经历很曲折，发展也很艰辛。初见她给人的感觉精明、干练。坚强的性格使她一次又一次创业，一次次成功，而今的她精心做大做强着苗木产业。善于结合市场因素和发展机遇的她，身上有股敢闯敢拼的"英雄气概"。她也许书写不了历史，但她抓住了时代发展的机遇，勇于向新的领域开进，敢于带领周围的人搏击市场赢得胜利，至少她改写了合作社里受益的318户农民的人生历史。

起起落落，她饱尝了创业的艰辛

提起早年绛县的"复亨饭店"，年龄大的人都知道，而它的创办人就是绛县弘宇苗木种植专业合作社理事长张小红。当时饭店的经营可谓红红火火，可1994年年关将近时，一场大火无情的烧毁了饭店刚装修好的豪华包间，损失七八万元。坚强的她没有落泪，拒绝了朋友们的援助，撸起袖子和工人们一起装修，用了10天的时间重新整修完毕，大年初一在辞旧迎新的鞭炮声中饭店再次开业，坚强的她在朋友的安慰声中留下了感动的泪水。1996年由于拆迁，她关停了经营5年的饭店，开始了重新创业。2001年，在朋友的邀请下，张小红受聘于西安汉都大酒店任总经理。经过一年的摸爬滚打,她积累了丰富的管理经验,恰巧酒店要对外承包,经过一番思量,果敢的她以一年40万元的承包费承包了酒店,再次经历了她人生的创业之路。完善的经营管理使得酒店生意红红火火。3年来,一个女人在外乡经营的不易,使她深深地体会到创业的艰辛。适逢酒店股东会议决定扩大经营,她适时而退,安心做了酒店的股东,不再参与经营。

就是这个闲不下来的人,在她40岁时投身于苗木种植行业,开始了自己再一次的创业人生。多年来,她在自己发家致富的同时,努力探索农民致富的好路子,以"富民工程"为统领,创新服务体制,规范组织管理,引导农民发展苗木产业,形成了"合作社+基地+农户"三位一体的供、管、销一条龙服务模式,有力地促进了农民增收致富,受到周边群众的一致好评。

与时俱进,她抓住了苗木产业的无限商机

近年来,由于国家推行西部大开发和退耕还林政策,山西省的苗木市场格外红火,苗木销售价格较高,市场紧俏,苗木产品出现供不应求的状况。看到此情景,张小红以其敏锐的市场眼光开始效仿种苗公司种植苗木,由此打开了她种植苗木创业的大门。2005年,她承包了30余亩地种植了国槐、侧柏等绿化苗木,做起了单一的苗木经营。

但是这样的好景不长,随着苗木市场的持续升温,吸引了许多"二道贩子"的眼球,他们乘机参与到苗木销售市场内,与需用苗木的单位和老板最先取得联系,使需用苗木的单位、老板与种植户之间形成了一道无形的墙。种植户只知道"二道贩子"给的价格,而不知自己的苗子到底卖了多少钱,也不知同等规格的苗木市场价格是多少,因此出现了苗木种植户挣小钱、"二道贩子"挣大钱的现象。而随着苗木种植规模不断扩大,苗木种植产品过于单一,又出现了供过于求的滞销现象,许多农户栽种的苗木常年销售不出去,土地闲

置，收益下降。此时，张小红看在眼里，急在心头，多年的从商经验告诉她苗木产业的无限商机已经来临。

倾心服务，她为农户发展苗木铺路搭桥

当前，外省市正在大力推行农民自主管理的专业合作社。张小红经过反反复复的考虑，决定通过创办苗木种植专业合作社规范苗木种植。首先她主动联系以前的好友办起了小型苗木合作社，采取合作入股，按股份分红的办法收集股金20万元，培育苗木70多亩，再加上经销苗木，当年每人分得红利3万元，她认为苗木销售不规范是造成这一现象的主要原因，于是她提议通过建立苗木专业合作社改变现状。这一提议得到了一部分种植户的赞成。2009年，由张小红等3人发起的弘宇苗木专业合作社注册并挂牌运营，入股社员318户。随后，张小红等人陆续参加省林业厅举办的几期专业培训，掌握了专业合作社如何组建运营的办法，规范了苗木专业合作社的运行。合作社也由育苗、经销苗木扩大到营林工程和园林绿化工程，并先后在绛县、垣曲承包造林工程3000多亩；在芮城承包一处投资规模达250万元的绿化工程。同时，育苗规模也由最初的70亩扩大到300余亩；苗木嫁接队伍由68人扩大到462人，分别赴新疆、甘肃、陕西嫁接苗木200多万株。

开拓创新，她为苗木产业谋划发展出路

张小红等人组建的合作社是依据《农民专业合作法》和《合作社章程》建立起来的，所以组织机构健全、运营机制科学、人员分配合理。但是光有这些，合作社只是一个空壳子，必须要有实际作为。所以，他们几个人自掏腰包，"上甘肃、下陕西、赴内蒙古"创市场、找销路、学技术，考察外省市苗木市场及种植情况。通过考察学习，张小红觉得合作社的苗木种植品种太单

一、品质太低、种植技术太落后,必须引进技术,改良品种。

在苗木专业合作社的科学运营下,苗木种植品种发生了很大变化,品种由单一的国槐、侧柏等发展到白皮松、核桃、竹柳、碧桃等各类苗木,苗木品种日益齐全,种植结构日渐合理。两年来,经苗木专业合作社牵头组织调运的苗木达1000多万株,销售收入达600多万元,并远销至甘肃、内蒙古、四川、陕西、宁夏等十几个省市区,弘宇苗木种植一度出现脱销和供不应求的现象。

多年的努力换回的不只是金钱的收获。2009年12月,张小红被绛县人社局评为创业明星;2010年被推选为绛县工商联合会副会长;2011年8月被山西省新晋商研究会、山西青年、新晋商杂志社评为"山西省首届百佳新晋商"称号。

谈起张小红下一步的发展计划,她说,随着苗木市场的日趋红火和规范,在不断扩大苗木种植面积的基础上,她又筹划了花卉基地以及山西省最大的专业苗木销售市场,苗木市场已经在省发改委立项,正在筹备中。要继续做大做强苗木种植业,积极引进一些名贵花冠木等名优品种,以特求发展,以优创效益,不断壮大合作社,不断推进苗木产业科学发展,解决更多群众务工,带来更多的经济效益和实惠。

"不求思变,无以制胜"。经过近五年的摸爬滚打,张小红感慨到:"人活着,哪怕再艰难,哪怕命运再多舛,只要心中对未来对人生充满希望,就会有活着的勇气,就会与命运抗争。也许有百分之一的希望就会作百分之百的努力。这样,希望才有可能变为现实,这就叫做有活动。"

◎赵光晋：做中国最有发展力的老字号

秦海峰

"双合成"这个"中华老字号"已经有百年的历史，翻开它积淀厚重的历史传承，我们可以清晰地看到风雨沧桑中它所留下的坚实足迹。但是，它的巨变，它的发展与提升，是从改革开放之后，1985年赵光晋被任命为总经理开始的。

几度春秋，几番拼搏。一分耕耘，一分收获。如今的老字号"双合成"，已经成为一个现代化综合性食品加工企业，"双合成"这个有着170年的品牌，已经由一个区域名牌转向全国名牌。

临危受命，"双合成"迎来了生机

1985年，"双合成"这个国营小厂的一名老员工赵光晋，临危受命担任"双合成"的掌门人。在老太原人的记忆中，27年前的"双合成"，仅仅是蜷缩在太原柳巷的一个只有70多平方米的店面。当时前店后厂只有56个员工，账上仅有1000余元，而且产品品种少、产值低、质量不稳定，经营日渐惨淡。

在赵光晋执掌27年后的今天，"双合成"将总店拆迁至北大街，营业面积也扩大到200平方米。从单一门店到拥有六个子公司、80多家连锁专卖店的知名企业。如今，"双合成"已成为全省最大的烘焙食品生产企业，产品辐射到北京、郑州、石家庄、呼和浩特、西安等全国主要市场。

目前，"双合成"的发展进入了"鼎盛"时期，赵光晋依然迸发着火热的工作激情，红润的脸颊上戴着一副眼镜，头上扎着两个具有"双合成"文化色彩的"麻花小辫"，言谈举止间闪烁着智慧的光芒。

作为一个以改变老字号命运、推进老字号现代化进程中杰出的企业家，赵光晋领导着"双合成"进行了一系列的大胆改革，添置设备、增加员工、产品开发、开拓市场等举措，使"双合成"由一个作坊式经营的前店后厂发展为一个现代化的大公司，由原来账上仅有1000余元，发展到今天年销售额上亿元，"双合成"的效益实现"加速度"的递增。

1990到2005年，是"双合成"大踏步的发展时期。赵光晋把眼光盯住产品和市场，根据节日市场的需求确定企业的产品结构和销售方式，把"双合成"传统的节日销售模式与现代营销方式结合起来，形成了"双合成"特殊的"中国式营销模式"。

"双合成"的改革首先从文化上起始。赵光晋把"双合成"原有的"双合必成"的文化提升为"合和"的文化哲学及"做中国最有发展力的老字号"的企业使命，并在她的引领与激励下，使企业一直朝着中国一流烘焙食品企业及集团化的方向发展。

1997年，是"双合成"的又一次改革时期。赵光晋更多地关注企业文化和企业变革，开始深刻地思考老字号的局限及"双合成"如何走向现代化的问题。多年来，不断吸纳社会上的精英人才，建立了双合成食品科技研究院，并不断引进先进技术，投资上千万元引进国内一流的食品生产设备，开发生产出中式系列、西式系列、娘家系列、感恩月饼系列、喜庆系列、文化主题系列六大产品类别的300多个品种。

27年的风雨兼程，"双合成"不断获得类似"中华老字号"、"中国放心月饼金牌企业"、"全国十佳饼店"等数百项称号和荣誉；而赵光晋本人也随之获得中共十五大代表、全国劳模及全国五一劳动奖章获得者等100多项重要荣誉及地位，使她成为山西企业界的"巾帼英雄"。2008年，作为山西第005号火炬手，她荣幸地参加了北京奥运会火炬的传递。

矢志传承将晋式月饼推向"国宝"地位

2008年6月7日，文化部及国务院最终认定，"双合成"多年来挖掘、整理、保护、继承并申报的"郭杜林晋式月饼制作技艺"成为"国家级非物质文化遗产保护项目"，这无疑是"双合成"呈献给山西人民中秋节的一份厚礼，也是对多年来山西人民对"郭杜林情结"的一种回报和回答。

赵光晋向记者介绍，郭杜林月饼与山西人的中秋节密不可分，但很多年来，市场上这种产品逐渐减少，因为它纯属手工制作，生产成本很大。但老字号"双合成"从社会责任出发，多年来一直正宗传承、保护、生产着郭杜林月饼。她说："'双合成'一定要让晋式月饼和晋饼香传天下，使家乡的食品工业真正兴盛起来才是正事。"多年来，她为此目标，矢志不渝，人们把她誉为"月饼大王"。

在担任"双合成"总经理第一年期间，她就在总结晋式月饼"五大件"（郭杜林、夯月饼、混糖月饼、提江月饼、细皮月饼）的基础上，成功地首创了晋式蛋皮月饼的技艺，使这款月饼不仅20年来畅销不衰，而且靠这款月饼于2005年在国家相关专业机构为山西争回了"晋式月饼"这个概念及相关产品标准。

她对不断学习传统晋饼绝技充满兴趣和强烈的责任心，工作之余总是找机会拜师……业内人士说：赵光晋能有今天这点手艺，一是对晋饼的责任，二是磕头磕出来的。

同时，"双合成"还把离退休的或流散于社会上的晋饼大师重聘到"双合成"来，让他们教育员工、指导研发与生产，整合全省各地晋饼诸名品类，重新研究、试制并生产，试图为山西丰富的晋饼找到市场突围的路径。

有一次，赵光晋在外地出差时，听说当地有一位糕点师傅，就四处打听，想聘请到"双合成"，但老师傅却以年事高、不想离开故土婉言拒绝了。得知此情，赵光晋并没有放弃，她磕头拜师，态度诚恳，终于用执著感动了这位老师傅，同意把独特的饼艺文化带到"双合成"来，与晋饼文化兼容，为"双合成国饼"的传承奠定了基础。

如今，郭杜林晋式月饼成为国家级非物质文化遗产保护项目，不仅填补了山西没有国饼的空白，也结束了晋式月饼不受国家非物质文化遗产保护的历史，成为"双合成"在山西乃至全国发展的一个新起点和转折点。赵光晋说："这才是根，这才是本，这才是晋式月饼及晋饼的命。"27年来，她终于揭开了晋式月饼得到国家与社会的承认这一"谜底"！

"做中国最有发展力的老字号"

"'双合成'是一个中华老字号食品企业，节日文化、地域文化与食品相结合的食品企业，做文化食品，颂食品文化是我们企业的责任。""双合成"总经理赵光晋介绍说，"'双合成'产品是由中式、西式、娘家、感恩、喜饼、文化等6大系列产品组成的，这都是文化。这种文化走近老百姓，才会有生命力。"

而对于品牌，赵光晋有自己的见解，"'双合成'品牌强调'合和'哲学，通过合作，实现和谐。躺在'绝活'上睡大觉的时代过去了。"她认为，老字号同样可以作成现代大企业，肯德基、麦当劳都是老字号，都是大企业，还把企业文化带到了世界各地。中国的老字号企业应该清醒，提倡以人为本，就是让人才有充分发挥的机制。老字号是块匾，提供了历史资源，企业向前发展，在大方向上应当挖掘传统，在具体管理方面，应该严格执行现代企业制度，细化考核，利益捆绑，心朝一处想，劲往一处使，才能让"百年老店"保持生机和活力。

2008年6月2日,"双合成"在晋中经济开发区举行占地150亩的生态工业园建设项目正式开工。预计项目完成投入正常运营以后,生产能力将由3500吨扩大到29812吨,年实现销售收入56940.51万元。同时,公司将在此基础上通过并购重组和资本运作,实现打造"中国第一饼业"的战略总目标。而这一力作也足以证明,"双合成"核心竞争力的外在表现,也是企业扩张可持续发展的最大推动力。

对于处在黄金期发展的"双合成",赵光晋充满信心,"双合成"一定会用行动兑现自己的诺言和誓言,一定会用"合和"文化和新晋商精神鞭策自己"做中国最有发展力的老字号","双合成"言出即行,绝不辱使命!

◎赵晓艳：青春的追求 挚爱的倾注

秦晋原

以茶待客、品茶会友，是我们这个礼仪之邦的传统文化之一。许多人都有喝茶的习惯，熟悉茶叶的选择和泡制，也懂得一些有关茶文化的掌故，然而对于如何将青春年华与毕生事业有机地交融到一起，从零做起，后来居上，恐怕是想象不到的。一位出生雁门关外、学艺西子湖畔的80后，却凭借着书香门第的浓郁熏陶、人生理想的努力奋斗和博大爱心的倾注，在短短的八九年时间里，创造出了被业内人士誉为山西茶界黑马的非凡业绩，书写了一位现代新茶人多姿多彩的事业传奇，她就是国家高级茶叶审评师、高级茶艺师太原市璐瑶轩的董事长——赵晓艳女士。

诗书传家 铭心的慈父深爱

2011年11月29日，太原和北方地区喜迎入冬以来第一场瑞雪。像往常一样，生活很规律的赵晓艳，在六点一刻准时起床，拉开窗帘，看到窗外琼楼玉树、漫天皆白的雪景，不由得瞭望久时，在喜悦兴奋之余，下意识地从心中又奔涌出对早逝的父亲的浓酽如茶的怀念，当即披衣入座，提笔书写，一口气写了近2000字的《晨雪独坐忆慈父》。

人们常说，男孩子的长相接近母亲，女儿的长相则接近父亲。作为家中排行老二的赵晓艳，从内心深处对父亲的眷恋和仰慕之情，丝毫不比她的姐姐弟弟们逊色。"家父虽然一辈子没有挣得一官半职，也没有万贯家财，反而一辈子备受穷困和误解的折磨，但是，他老人家对知识和才艺的追求，对清白做人、光明做事的恪守，对我们姐弟勤奋求学、勇于担当的严格要求和谆谆教诲，实在是我们一生用之不竭、最为珍贵的财富"，每当回忆起父亲，赵晓艳清澈的目光中总是充满深深的敬意。

父慈子孝，福泽绵长。赵晓艳的父亲属于新中国第一代知识分子，最高的职务只是平鲁县委办的专职秘书，并且在"文化大革命"中遭受迫害，但是清贫的生活和不公平的命运，并没有使这位博览群书、多才多艺的知识分子消沉，更没有因此影响他对三个孩子的关爱和教育。即便在三餐不饱、衣食难继的困难时刻，他仍然坚持看书读报写笔记，颇有"位卑不敢忘忧国"的士大夫情怀，依然要求孩子们坚持背课文、临字帖、练乐器，不允许荒废每一天。

"在收秋后的傍晚，父亲常吹起悠扬的笛声，母亲随之唱起甜美的民歌，欢快的氛围弥漫在整个院落，吸引了许多人来聆听和欣赏"。正是在这样一种穷且益坚、矢志不渝的传统家庭文化的熏陶下，赵晓艳如南方女子般娇弱的身体里，浇注了不啻于关东大汉的孔武和刚强，为她人生事业的抉择、开拓和奋进，奠定了极为强劲的动力和丰沛的源泉。

勤奋学艺 宝贵的京杭岁月

诗书传家福泽长。在一生好学不辍、要求严格的父亲的培养下，赵晓艳姐弟三人都先后考取师范院校，并顺利参加工作。开始，赵晓艳也挺有信心，把自己分内的考勤记录、表格资料、报刊包裹等事项办得利利索索，颇受大家的夸奖。然而一年多后，她不禁为这种朝九晚五、周而复始的单调生活感到兴味索然。

2002年春,正好她的一位同窗好友要去北京学习茶艺欲找个伙伴,赵晓艳求之不得,乐呵呵地背着简单的行囊,马上启程北上。想不到,正是这次极为偶然的机会,彻底改变了她的人生轨迹。

从老舍先生笔下的《茶馆》,到改革开放初期北京知青的前门大碗茶,在北京这个传统的政治经济文化中心,喝茶待客、品茗谈艺有着相当重要的作用。在北京茶社的观摩和学习期间,赵晓艳由好奇而迷恋,由迷恋而勤学,凭借着聪颖的天资和数倍于同事的刻苦,不到一年,很快成了茶叶挑选、泡制、茶艺展示的行家里手,在茶社近百名服务员中脱颖而出。

在日常的生活中,茶文化的内涵,远远要大于其他类型的饮食文化,而且它的地位和重要性,正伴随着我们这个飞速发展的社会,不断演化和丰富,赵晓艳对茶文化的这种感悟和她的恩师谭波不谋而合:"茶文化最大的价值,不仅仅是帮助人们选好茶叶、饮好茶水,更重要的是把几千年来悠久丰厚的传统茶文化发扬光大,营造一个充满和谐温馨的社交平台,用专业、精致、真诚的服务,来传递一种纯朴、随和、宽厚、博爱的社交礼仪和人间亲情。"这就是师生二人对茶文化发自内心的认同和挚爱。

2003年5月8日,在谭波老师的大力推荐下,赵晓艳,这个茶艺的后起之秀,又展翅东南飞,只身来到美丽的西子湖畔,在闻名遐迩的中国茶叶科学研究所负笈求学。

三秋桂子、十里荷花、白堤如带、雅客群集。在美景如画的人间天堂,年轻秀丽,苗条端庄,被许多人想当然地看作是江南靓女的赵晓艳,丝毫没有为窗外的风景所诱惑,而是一心扑在对茶艺的探讨和茶文化的钻研上,在著名的茶文化学者、著作等身的茶艺专家阮浩耕老先生的精心指点下,她甘于寂寞,奋发求知,系统地学习了唐宋以来关于茶文化的上百本经典古籍,走访了江浙数十家古老茶店,并且分季节多次到三大茶业基地进行蹲点实验,在江南这片富饶文明的异乡土地,洒下了她勤奋求学、融会贯通的汗水和知行合一、重在实践的足迹。

茶艺贵在展示，茶道重在交流。根据谭波、阮浩耕两位老师的要求，在杭州求学第二年，赵晓艳就在朔州市区开了一个绿茶专营店，由母亲和姐姐来管理经营。由于起点高，茶叶的色泽口味纯正，特别是茶叶泡制和茶艺独到的展示，都让家乡父老大开眼界。虽然，赵晓艳忙于求学深造，很少在店里，但是生意越做越好，资金积累到10万、50万、100万，店面扩展到60平方米、100平方米、200平方米……特别是当赵晓艳结束学业，专心于店里的经营后，两年时间里"到璐瑶轩喝茶，看穿旗袍、开凯美瑞车的女老总"已成为朔州市区的一道亮丽风景。

争创一流 打造太原璐瑶轩茶社

秀美漪汾岸，锦绣太原城。2009年3月8日，经过较长时间的商务考察，赵晓艳决定斥资320万元，在平阳路新康隆商城毗邻的小二层打造一个展示三晋风俗和传统茶文化的高品位、高档次的茶社，一展自己生平所学和心中的抱负。

"近几年，太原借纪念建城2500年和建国60周年大庆的历史契机，加快发展速度，全力打造一流宜居城市，提供了很多商机，前景极为诱人，我也早就想来太原发展，但是一想到要投资这样大，开始确实有点顾虑。"赵晓艳回想来省城开店之初的情形，至今百感交集。

茶叶交易自古就有，但是个中的事项较为复杂。既无国家标准，也无地方的硬性规定。数十万、数百万的交易额，往往靠的是交易双方共同的阅历、认知和信义。在经营茶叶六七年的时间里，赵晓艳深知其中的奥妙，也始终以诚信经营、稳健发展为事业的圭臬。尽管她最后选中的这个地点，向来以风水不佳，此前已有高尔夫俱乐部、火锅城、川菜馆等数家商铺"你方唱罢我登场"，以至于房东都感到心悸，但她就是不信这个邪。

走专业化服务的路子，培养一批管理和服务骨干，切实把当代国内的一流茶艺展示给顾客；走直销式采销的路子，巩固和发展最有信誉的茶叶生产基地，一定把最新鲜和最有价值的顶尖茶叶奉献给顾客；走亲情化产业的路子，最大限度突出山西古老的乡土文化和时尚色彩，努力打造一个最适宜各界人士尤其是文人雅士品茗谈艺、抒怀献技、深度沟通的高雅之地。

基于这样的经营理念，赵晓艳从装修店面开始，就毫不含糊，不惜血本，重金聘请省内外民俗和建筑专家，对店内进行了长达三个多月的精细化高仿民间古建筑装修，让乔家大院、曹家大院等散落在三晋大地的名胜古迹全都回归在自己的璐瑶轩，从此生根发芽，节节攀高。

"咱山西的煤老板多得是，花钱如流水。但是，有钱你可以在硬件上走到心想事成，做到极致。却很难在软件的服务上有大的起色，特别是对一个外行人来讲，尤其如此。我办璐瑶轩，就是要以专业的服务和深厚的文化内涵来办成太原独一无二的特色茶社，办成省内一个时代茶文化的亮点。"靠多年的科班攻读和职场打拼，现在身为中国国际茶文化研究会会员、山西茶叶展评组委会常务理事的赵晓艳，对倾囊而出打造的璐瑶轩，注入了极大的关爱和心血。

在具体的经营上，她坚持"年前签订合同、直接从基地采购、自建茶库储存"的模式，尽最大努力，降低经营成本，特别在制定茶叶茶水的销售价位时，坚决做到以上柜成本价的5%~10%为基准，恪守货真价实、域内低价定价原则，保证每一款茶叶、每一道茶水，都是明码实价、新老无欺，同时分季节时令、客人需求、店内活动等情况，适时推出多种优惠活动，积极回报热心顾客。

因此，璐瑶轩在开业短短的两年半时间，很快在省城为数甚多的茶社、茶店的行列中打开了局面，开辟了一条融合传统礼仪茶文化、山西地域民俗文化、晋商诚信文化为一体的又好又快的发展之路。

深沉博爱 温暖身边每个人

"研究生到处有,本科生满街走",随着高校扩招政策的实施,大学生再也不是天之骄子了,就业成了老大难。针对社会上一些单位追风招聘研究生、名牌大学生的做法,赵晓艳坚持对所有招聘的人员,全部实行"宽进严出、边学边干、逐级升迁、稳定骨干"的方式,因此,璐瑶轩的一些员工是高中毕业,甚至因为家寒中途辍学,伴随着这种低门槛用人方式的是,极为详细严谨的培训制度和大姐般、老师式的亲情化管理方式。

茶文化是营造一个和睦、和谐的人文环境,是为了更好地回报社会。赵晓艳从业以来不知道有多少次无私帮助处于困厄境地的亲友、同学和同事,特别是年轻的员工。对于那些在吕梁、忻州等贫困山区长大,迫于生计出来谋生的小姑娘、小伙子,她总是首先启迪心智,教会他们踏实做人、努力向上,不要为眼前的困难吓倒,其次才是教会他们学习茶叶历史、识别茶叶种类、掌握泡制流程等知识和技艺。

亲情温暖人,效益激励人。尽管起步阶段,资金的压力极大,但是赵晓艳从没在员工待遇上打主意,反而一直保持市内同行业高水平,一个培训后上岗的店员,起点工资在2000元,这在一向以新员工1500元工资封顶的太原多种行业中,殊为难得。

起点工资也就是个底薪,重要的是激发员工,勤钻业务,热诚待客,优质服务。一个优秀的服务员,往往可以挣到六七千元,一位临县籍的服务员,在2010年将自己积攒的5万元收入交给了家里,父母喜出望外,亲自带着几包红枣、核桃等特产来到店里向赵晓艳道谢。不仅仅是感谢她让女儿挣下了他们村打工者中最多的钱,更对女儿在一年来言谈举止、待人接物方面的大变样,深表谢意。

正是在赵晓艳的悉心教育和精心管理下,璐瑶轩顺利起步,一路顺风,用两年多的时间，走完了别人五六年时间的发展之路，在太原牢牢站稳了脚跟。并且日益为越来越多的各界人士啧啧称赞，争相惠顾，成为引领太原茶社行业名副其实的排头兵。

淡泊明志知进退，有为乃大唯自我。在2012年新春前夕的一次高层品茗席间，面对许多朋友"把璐瑶轩打造成中国麦当劳式的连锁茶社"的热切建议，赵晓艳嫣然一笑，轻吐心声：把这个璐瑶轩做好，再建一个标准的储存库房就足够了。我最大的希望是，在我35岁那年，顺利地考入中国茶科所去读硕士，做一个真正的茶文化学者，一辈子研究发掘和传播茶文化。

这就是赵晓艳——一个对茶文化孜孜以求、志存高远的儒雅商人、秀丽才女。

◎赵瑞峰："饲料大佬"的淡定人生

金建强　闫　杰

在竞争激烈的饲料市场，新威科饲料始终没有展现人们喜闻乐见的大起大落、九死一生，它在平平常常中获得了绝大多数企业难以企及的成就。这是一种对理想的坚持，更是一种生存的哲学。探究这种极其低调的战略姿态，必须得说说汇福科技的当家人赵瑞峰。

"不要写我，我是一个没有故事的人；要写，多写写我的团队，我的企业……"，采访赵瑞峰，笔者差点儿吃了"闭门羹"。没有喧哗，没有浮躁；只有务实，只有诚信，只有创新，赵瑞峰就这样一步一个脚印引领着企业不断向前超越，支撑着山西农民最质朴的养殖致富愿望。

赵瑞峰，农业产业化国家重点龙头企业、中国饲料百强企业——山西汇福科技发展有限公司总经理。截至2008年底，汇福科技公司主营的新威科饲料年生产能力达40万吨，在竞争激烈的山西饲料市场局部占有率达到30%，年销售额达2亿元。其中蛋小鸡饲料、猪浓缩饲料、乳猪颗粒饲料、奶牛饲料、奶牛浓缩饲料形成五大王牌，猪浓缩饲料W131连续8年获得"山西名牌产品称号"，雄居省内单品种销量第一名。

背靠大品牌 挖潜大市场

1995年5月,在国家鼓励转化科技成果的大背景下,省农科院号召科技人员创办科技实体,领办科技企业,转化科技成果。在省农科院从事人事工作的赵瑞峰积极响应,身体力行。恰逢赵瑞峰参加科技部在华南农业大学组织的科技管理干部班进修。在这次进修中,广东省农科院兴办饲料、动保实体,"研、产、销一体化"风生水起的实例,让36岁的赵瑞峰怦然心动。

这次外出考察成为赵瑞峰生命中最重要的一次转弯。回来不久,赵瑞峰筹借了50万元启动资金,领衔省农院威科饲料科技公司开始上路。当时,我省饲料市场正大、恒山等牌子的饲料风头正劲。赵瑞峰依托省农科院的专业技术优势,把产品定位为生产中高档饲料,充分借助省农科院这个大品牌,组织营销人员,在市场的夹缝中开始了最原始的博弈。1995年底,籍籍无名的威科饲料很快浮出水面,在市场占据一席。"我们之所以能在刚开始就快速起跑,优势在于我们是省农科院的饲料,老百姓相信农科院的人……"

时至今日,赵瑞峰领办的企业不断顺应我国市场经济建设的演变,从威科预混料到山西著名商标、名牌产品新威科饲料,再到百科汇通懒汉养猪、百草坡生态养殖、达益园种鸡种猪、南北特种蛋品加工……已成为享誉全省的农业产业化一条龙企业。说起企业的"由小到大",赵瑞峰仍念念不忘"省农科院"这张金字招牌带来的福荫。

活用加减法 全程送服务

总结新威科的成功,可以说出千百条道理来。但赵瑞峰一直在公司内部倡导的"活用加减法,全程关注养殖户"、成为"养殖场户的饲料车间,用户中有口碑的稳赚饲料"的经营理念功不可没。

"活用加减法"就是不盲目扩张,根据发展形势,通过加和减适度控制成本,把科研项目、经费、人力、物力集中在某些有效点上。赵瑞峰举例说,新威科饲料目前已初步研发出五大系列七十多个产品,但这些年来公司并不是"胡子眉毛一把抓",而是将一些不适应市场需求的产品通过减法主动放弃,将重心放在培养拳头产品上。在具体培养拳头产品上则是运用加法,譬如,目前公司的拳头产品猪用浓缩料,光规模猪场专供料就又细分为教槽料、强化料、种公猪料、中大猪料、后备母猪料等八种,这些新产品的开发极具针对性,刚一推向市场,就迎合了广大规模养猪户的心理,抢占市场制高点。一加一减,彰显了赵瑞峰掌控新威科在战略上的理性与灵敏。

对于一个现代企业来说:服务是成功之船的航道。新威科的服务可以高度概括为四个字:全程关注。听起来既让人温馨又让人好奇。赵瑞峰说,新威科服务的影子可谓无处不在。服务与品质、标准一道成为新威科"全程关注"的核心注脚。公司组建有"威科畜牧服务网",专门聘请省内外畜牧、兽医、营养等方面的26名专家,常年投身养殖第一线开展服务。服务是个完整的过程,售前主要做技术讲座,售中主要指导具体生产,售后则对养殖户的承诺随叫随到,保证"药到病除"。此外,公司目前还开设"驻场服务",让销售人员通过学习和深造,转变为能够解决实际问题的专家型服务人员;还建起了独一无二的病理检测室、营养检测室、配置动物透视检测仪……实实在在的服务,让新威科在养殖户心中赢得了口碑,让新威科的品牌效应聚沙成塔,逐渐显现出来。

信用比山高 创新不停歇

做饲料,对一个企业来说,最难的事情:对内是稳定产品的质量,对外是市场的不断延伸。此外就是应对畜牧业的大环境,即原料价格的一路飙升,畜产品的价格波动、动物各种重大疫病的突发以及同行之间多元化的竞争。赵瑞峰坦言，这些年来做企业，各种内忧外患常常光顾，始终战战兢兢。但欣慰的是企业还活着，并始终保持"小步快跑"。这要归功于公司"厚重生威"的理念和"务实、守信、努力、创新"的精神。

在汇福科技采访，有行政人员向笔者介绍，酷爱学习的赵瑞峰常说："企业是由人组成的，卖饲料也是和人打交道，做好人才能做好企业进而达到出品牌、出人才、出效益的目的。一切的一切要从信用做起，信用比山高。不干则已，要干就要义利相容、追求卓越。"他就是用这样的理念指导着企业的方方面面。为了打造诚信，汇福科技新威科饲料在饲料行业中率先与国内同类企业共同发布《新世纪饲料安全宣言》；率先建立了ISO9001质量管理体系，制定一系列措施，保障诚信内容的落实。在汇福科技有一句话，叫做"让质量成为永恒"。表现在产品的开发上，主要从三方面展开：一是新产品研发；二是改造传统产品；三是组装现有技术，倾力打造精品。与此同时，新威科饲料配方设计均采用世界上先进的美国百瑞尔配方技术，产品质量的过硬反过来又成为维护企业诚信的保障。

创新是赢家的基础。从与赵瑞峰简短的对话中，笔者深深地感受到，这几年新威科在市场上的"红旗不倒"，创新不歇也是个关键因素。创新既体现在管理上，又体现在技术上，也体现在企业文化上。以管理为例，赵瑞峰介绍说，这几年公司先后引进实施"日清日结"与"24小时复命"制度、"部门经理联系客户制"、"加强服务对接的管理办法"等管理制度，并积极倡导推行QMA（快速、准确、及时）工作作风，从而使公司各部门及员工之间，形成了一种"众人划桨开大船"的和谐氛围。

在汇福科技总部，赶上工间操时间播放新威科之歌，"这是一片金色的土壤，农业科技放射光芒。这是一片阳光的地方，为民造福农牧兴旺……我们在追求中厚重生威，我们在攀登中全力向上"，从歌中似乎听到了赵瑞峰力量源泉所在，感受到了汇福科技更高的追求和使命。

"做出了一些成绩，但没有故事，没有传奇，更不值得大书特写。以饲料为载体,下一步我们将不断延长产业链条,向全省农业领域的领军龙头企业迈进,真正做大了,你们不妨再来采访。"临别之时,从赵瑞峰的眼中,笔者读出了另一种异乎寻常的平静和坦然,这种平静和坦然,透射出一个"饲料大佬"一种绝对清醒的品质和直面挑战全新启程的激情。